# L'ART
## DE
# BIEN VIVRE

## PENSÉES MORALES ET SOCIALES

### POUR LA CONDUITE PRATIQUE DE LA VIE

PAR

## Ch. ANSELIN

Les deux grands moyens d'avancer la civilisation sont de propager la morale et
l'industrie, afin de rendre les mœurs plus
bienveillantes et l'aisance plus générale.
(DROZ.)

La plus heureuse naissance a besoin d'une
bonne éducation. (BEAUREGARD)

Le défaut d'éducation a perdu et abâ-
tardi des couronnes. (LEBRUN)

Quel que soit le mérite ou l'esprit, on
déplaît sans l'usage, tombe des plus mal
appris. (BUSTE)

La connaissance des usages s'acquiert ordinairement dans les familles haut élevées
et particulièrement par des livres ad hoc.
(ANSELIN)

## CAP HAITIEN
## CHEZ L'AUTEUR

1893

*Réserve de tous droits.*

# L'ART DE BIEN VIVRE

HAVRE. — IMPRIMERIE DU COMMERCE, 3, RUE DE LA BOURSE

# L'ART

## DE

# BIEN VIVRE

## PENSÉES MORALES ET SOCIALES

## POUR LA CONDUITE PRATIQUE DE LA VIE

### PAR

# Ch. ANSELIN

Les deux grands moyens d'avancer la civilisation sont de propager la morale et l'industrie, afin de rendre les mœurs plus bienveillantes et l'aisance plus générale.
(DROZ.)

La plus heureuse naissance a besoin d'une bonne éducation.    (BESCHERELLE.)

Le défaut d'éducation se reconnaît à l'oubli des convenances.    (MABIRE.)

Quel que soit le mérite ou l'esprit, on déplaît sans l'usage, comme les mets mal assaisonnés.    (BOISTE.)

La connaissance des usages s'obtient ordinairement dans les familles bien élevées et particulièrement par des livres *ad hoc.*
(ANSELIN.)

## CAP HAITIEN

## CHEZ L'AUTEUR

—

## 1893

*Réserve de tous droits.*

# PRÉFACE

Voici un petit livre qui, j'en ai la conviction, contribuera de la façon la plus efficace et la plus positive à la réformation, au prompt développement des facultés morales et sociales de la jeunesse.

Cependant, en vue de former leur esprit et leur cœur, en vue d'inculquer au plus vite les premiers principes d'éducation à leurs enfants, les pères et mères de famille pourront, dans leurs moments de loisir, se familiariser aisément avec ce précieux et vaste recueil qui, d'ailleurs, est également utile à l'adolescence, à tous les deux sexes, comme à tous les âges de la vie.

# L'ART DE BIEN VIVRE

### Abaissement.

Ne croyez pas qu'en abaissant les autres par vos discours vous vous releviez vous-même.

(Henry de la Pommeraye.)

Il est quelquefois dangereux de s'abaisser, car on prend au mot notre humilité et l'on nous méprise sur notre parole. (Girard.)

### Abandon.

Il n'est pas d'une âme forte de s'abandonner.

(Diderot.)

Ceux qui ne vivent que pour eux tombent dans le mépris et dans l'abandon.

(Mᵐᵉ de Lambert.)

### Action.

Les actions sont plus sincères que les paroles.

(Mˡˡᵉ de Scudéry.)

Bonne action, dit-on, a toujours son salaire.

(Rigaud.)

## Acte antipatriotique.

Lorsqu'un peuple, sans souci de l'avenir, élève au pouvoir suprême un homme sans éducation, sans instruction, cela s'appelle en grosses lettres une amère dérision, un acte extra-antipatriotique. Par ce fait inconscient, il y a à désespérer pour longtemps de la marche progressive d'un pareil État. L'ombre, on le comprend, n'a rien qui vaille. L'ombre, c'est le recul. Il faut de la lumière. Il faut un astre qui brille et impose.

(Anselin.)

## Acte ridicule.

Tout ce que vous achetez, tels que vêtement, chapeau, lorgnette, parapluie, canne, porte ordinairement un numéro de fabrique qu'il faut toujours retirer avant d'en faire usage. Le laisser est un acte ridicule.

(Anselin.)

## Adversité.

C'est dans l'adversité qu'on reconnaît le sage.

(Destouches.)

L'adversité conduit les esprits faibles au désespoir, elle fortifie les âmes élevées.

(Beauch.)

## Affectation.

L'affectation est un mensonge qui déguise le naturel, pour chercher, dans un air emprunté, à se rendre ridicule. (Trév.)

La moindre affectation est un vice.

(Voltaire.)

## Affection.

Il n'y a pas de moyen plus sûr d'acquérir l'affection des autres que de leur donner la sienne.

(J.-J. Rouss.)

On ne peut espérer de véritable affection que de ceux qui sont naturellement doux et aimants.

(J. Joubert.)

## Airs (grands).

Celui qui prend de grands airs croit produire de l'effet et ne fait que mieux ressortir par là sa condition obscure. Veut-il tout de suite avoir meilleure contenance, être aimé de tous les siens, qu'il pratique la modestie et l'humilité.

(Anselin.)

## Altercation.

Homme ou femme, riche ou pauvre, dans vos relations, avez-vous souvent altercation ou querelle, c'est un indice certain que vous avez le caractère imprudent, l'esprit mal fait.  (Anselin.)

## Aliment.

L'aliment de l'âme, c'est la vérité et la justice.
(Littré.)

## Ambition.

Jamais l'ambition ne voit ses vœux remplis.
(Lebrun.)
Dans l'esprit de l'ambitieux, le succès couvre la honte des moyens.          (Massillon.)
L'ambitieux toujours veut monter d'un degré.
(A. Rigaud.)
L'ambitieux fait toujours une triste fin.
(Jauffret.)

## Amélioration.

Travailler à l'amélioration de sa famille, c'est beau ; mais y arriver en dépouillant les orphelins et les veuves, c'est triste.          (Anselin.)

## Ami.

Vous ne chercherez pas vos amis dans un rang trop au-dessus ni trop au-dessous du vôtre.
(Barthélemy.)

Conduisez-vous avec votre ami, comme si vous deviez être un jour ennemis, et avec votre ennemi, comme si plus tard vous deviez devenir amis. (Un sage.)

Le titre d'ami doit être 'réservé pour l'ami ; c'est une faute très grande que de le prodiguer, que de s'en servir comme d'une formule de simple bienveillance ; cela donne à penser qu'à si peu connaître la valeur du mot on ne sait pas trop la valeur de la chose. (Jules La Beaume.)

Quiconque accorderait le titre d'ami et la confiance de l'amitié à un individu dont il n'aurait éprouvé ni les sentiments, ni le caractère, dont il ne connaîtrait ni les idées, ni les actes, passerait pour un grand sot ou pour un fou. (Édouard Chantepie.)

L'intime ami aime en tout temps, et il naîtra comme un frère dans la détresse. (Prov. bibl.)

Il n'y a que la charité qui puisse former des amis solides et véritables. (Massillon.)

Je connais une femme qui est adorée de toutes ses amies, parce qu'elle les trouve toujours bien coiffées, bien habillées, jolies et bien portantes ! Elle a toujours à leur dire un mot gracieux et approprié à la circonstance. (M^me Louise d'Alg.)

Faites-vous toujours plus d'amis que d'ennemis.                                    (Anonyme.)

## Amitié.

Ne te lie jamais d'amité à qui n'est pas plus
homme de bien que toi.          (Confucius.)

L'amitié disparait où l'égalité cesse.

(Aubert.)

## Amour.

Tu aimeras ton prochain comme toi-même.

(Évangile.)

Conduisez-vous de façon à vous faire aimer.

(Littré.)

Il faut aimer tout le monde, même ceux qui
n'aiment pas, même ceux qui veulent exclure de
ce monde l'amour et la fraternité. Ce n'est rien
d'aimer ceux qui aiment.          (René Caillé.)

C'est avec des soins et des prévenances qu'on
se fait aimer.                                    (X.)

Un fils qui a perdu le sentiment d'amour et de
vénération qu'il doit à ses père et mère, et qui
ose un moment les frapper, est indigne de vivre.

(Anselin.)

Aimez vos parents. Qu'ils soient sans usage,
ignorants ou pauvres, aimez-les bien, et vous
ferez preuve d'un bon naturel.          (Anselin.)

Aimer les animaux, avoir de la charité pour eux est la marque d'un bon naturel. (Christine.)

L'amour de la patrie est aussi une religion. De lui peuvent découler toutes les grandeurs, toutes les vertus. Il est la première et la plus vigoureuse source de l'honnêteté et de l'honneur.
(Thomas Grimm.)

Qui n'aime sa patrie n'aime rien et personne ne le doit aimer. (L.-J. Janvier.)

## Anonyme.

Une lettre anonyme est presque toujours une mauvaise action, l'arme de l'astuce et de la bassesse. (Thévenot.)

Il faut être bien malhonnête homme pour, dans des écrits anonymes, lancer des paroles insultantes même contre ses mortels ennemis. Moralement, ce genre d'action est indigne d'un homme de bien. En bonne façon, lorsqu'on appartient à la société polie, on doit se montrer, on doit, à toutes les heures du jour, avoir le courage de ses actes. (Anselin.)

## Antichambre.

Un homme véritablement poli ne doit point, sous prétexte d'une familiarité excessive, se permettre d'entrer brusquement dans la chambre à coucher d'une femme, qui peut à ce moment être occupée. A la porte, il doit préalablement frapper et faire antichambre. De son côté, la femme bien élevée ne le recevra qu'au salon, et c'est comme il faut. (Anselin.)

## Antisociabilité.

L'antisociabilité conduit quelquefois au préjugé de la couleur. (Anselin.)

## Apparence.

Ne vous fiez pas à la première apparence. (De la Boutraye.)

Il n'est pas bon d'avoir égard à l'apparence des personnes ; car pour un morceau de pain l'homme prévariquera. (Prov. bibl.)

## Applaudissement.

Quand on cherche les applaudissements en faisants son devoir ou lorsqu'on les attend pour l'avoir fait, ce n'est pas la vertu qui porte au devoir et qui fait agir. (Bonnin.)

## Argent.

L'argent est comme le temps ; n'en perdez pas, vous en aurez assez. (Lévis.)

Si vous n'avez pas d'argent, évitez de conduire des dames au spectacle, à la promenade ; de les accompagner quand elles vont voir un établissement quelconque, d'être leur *cicerone*, leur *cavallero servante*, parce que :

Il est établi en bon ton que les dames ne payent jamais nulle part, quand elles ont un cavalier qui connaît l'usage du monde.

(Boitard.)

Si vous avez beaucoup d'argent, très bien. Mais ce n'est pas une raison pour en gaspiller inutilement. L'argent perdu ne se regagne jamais. (Anselin.)

Si, étant dans la gêne, un ami, pour vous tirer d'embarras, a l'obligeance de vous prêter de l'argent, il est dès lors très important, sans qu'il vous le demande, de lui souscrire sur-le-champ une reconnaissance, car sans elle, rien ne prouve un seul instant que vous lui devez. Tout emprunteur de bonne foi doit y penser. Il est inutile de dire que toute valeur prêtée doit être tôt ou tard rendue. En agissant ainsi vous établirez votre crédit sur des bases solides et durables. Et si vous faites le contraire, vous n'êtes à coup sûr qu'un malhonnête homme.

(Anselin.)

## Athée.

Les athées n'ont pas la triste consolation d'avoir pu découvrir un seul peuple assez dénaturé pour être sans Dieu. (Frayss.)

L'athée, fourbe, ingrat, calomniateur, brigand, sanguinaire, raisonne et agit conséquemment, s'il est sûr de l'impunité de la part des hommes. (Voltaire.)

L'athée généralement a force bienveillance et peu de bienfaisance. (Anselin.)

L'athée, à peu d'exceptions près, est ordinairement un être vain, présomptueux, infraternel, Par sa position exceptionnelle, il vit absolument comme un étranger au milieu des hommes : il n'a aucune jouissance morale, aucune consolation en ce monde, aucun espoir en l'avenir; son caractère, foncièrement égoïste, est inflexible; son cœur étroit est vide, aride et sec : il n'aime point Dieu, il n'aime point l'homme, il n'aime point la nature, il n'aime rien, et, par cette aventureuse disposition, n'ayant aucun assujettissement, aucun frein, il est, en toutes circonstances, plus naturellement porté au mal qu'au bien. Voilà pourquoi on doit à juste titre s'en défier. (Anselin.)

L'homme qui nie Dieu est un imbécile.

(A. Karr.)

## Attention.

Le mari sera plein d'attention pour sa femme, satisfera, préviendra même ses désirs, s'il les juge raisonnables; surtout il ne montrera jamais d'indifférence ou d'ennui auprès d'elle.

Celle-ci, en retour, devra oublier les dissipations du monde pour reporter sa tendresse sur son mari et ses enfants; car une femme qui n'a que parure en tête, qui ne rêve que fêtes et théâtre, finira mal.        (A. Debay.)

## Attitude.

Si vous voulez juger des sentiments d'un individu, examinez son attitude en présence d'une femme ou d'un vieillard.

Le respect envers les femmes et envers les vieillards est la marque certaine d'un esprit cultivé et d'un cœur bien placé.

(Henry de la Pommeraye.)

## Aumône.

Quand tu fais l'aumône que ta main gauche ne sache point ce que fait la droite. (Évangile.)

Qui donne aux pauvres prête à Dieu.

(V. Hugo.)

Faites de temps en temps l'aumône; c'est une obligation généreuse à laquelle l'homme de bien ne doit point se soustraire. (Anselin.)

## Avarice.

L'avarice est la première preuve de la bassesse de l'âme. (M^me de Puizieux.)

La pauvreté manque de beaucoup de choses, l'avarice manque de tout. (La Bruy.)

## Avenir.

L'avenir d'un enfant est toujours l'ouvrage de sa mère. (Napoléon.)

Ma foi, sur l'avenir bien fou qui se fiera.

(Racine.)

## Avis.

Un bon ministre ne doit pas s'arrêter au froncement de sourcils du monarque qu'il sert; il doit lui dire sincèrement son avis. Si des vues contraires prévalent, il lui reste le droit de choisir entre la soumission ou la démission.

(M. de Bismarck.)

## Bal.

Une demoiselle ne doit se présenter dans un bal qu'accompagnée de son père ou de sa mère, ou de ses grands-parents.          (Boitard.)

Dans une soirée dansante ou un bal, les gants blancs sont de rigueur, parce que ceux de couleur pourraient déteindre et tacher le corsage des danseuses.          (Boitard.)

Tous les bals commencent généralement par une valse, puis une polka, une mazurka, et un quadrille succèdent; on recommence alors la valse et ainsi de suite; on introduit une scottish et deux lanciers, tout au plus, dans le cours de la soirée. On commence par les danses à deux afin de laisser le temps aux invités d'arriver, de se connaître, de se lier. Dans les bals de cérémonie, tels que ceux de la cour ou de noces, les sommités ouvrent le bal par un quadrille qui leur est spécialement réservé. Les cavaliers et les danseuses sont, dans ce cas, désignés d'avance.
          (Mᵐᵉ Louise d'Alg.)

Retirez-vous d'un bal avant le jour si vous ne voulez perdre les plus douces illusions sur la fraîcheur de la figure et de la toilette des dames.
          (Boitard.)

S'il plaît à un chef d'État de donner un bal, ce

n'est certainement pas en uniforme qu'il recevra ses invités, mais bien en habit noir. Ses aides de camp et son cortège, au contraire, doivent être habillés militairement. Cela est du bon ton.

(Anselin).

Les bals sont des foyers d'intrigues et de perdition; une mère de famille ne doit les fréquenter que très rarement et en compagie de son mari. (A. Debay.)

Le bal n'est pas un plaisir d'enfant, il ne convient qu'à la jeunesse. (P. Janet.)

## Bassesse.

Les hommes corrompus sont toujours prêts à toutes sortes de bassesses. (Fénelon.)

## Bastonnade.

Dans quel État rép blicain civilisé, la loi, qui est le frein, l'équité même, a-t-elle accordé un seul instant aux autorités civiles et militaires constituées la sauvage liberté de battre le citoyen, le fonctionnaire ou le soldat?

Non, cela ne se voit pas, cela ne se peut pas.

Il faut au XIXe siècle le respect absolu de la personnalité.

Partout d'ailleurs où il y a des hommes dignes

de ce nom, on ne se laisse pas impunément frapper.

Riposter est de droit naturel.

Cependant, on peut, si on l'aime mieux, s'adresser aux tribunaux pour se faire adjuger des dommages-intérêts.

C'est ici, par exemple, le lieu de raconter une véridique histoire passée dans le département du Nord, sous le règne de Boyer.

« Un officier de corps, qui avait le caractère
« peu civil, avait un jour osé frapper un noble et
« brave soldat.

« Très indigné de cet acte arbitraire et ne vou-
« lant pas être en reste, il remit sur-le-champ les
« coups reçus.

« Comme on pense, il est tout de suite arrêté,
« emprisonné.

« Le tribunal militaire est saisi de l'affaire.

« Les témoins sont entendus.

« La procédure instruite, l'audience est ou-
« verte.....

« La parole est au délinquant :

« Pour se défendre, il demande à ses honorables
« juges si, lorsqu'il commet une faute grave ou
« légère, il n'y a pas pour lui la salle de police, la
« fusillade ou la prison ; si, pour être sous les
« drapeaux, il doit être traité par son supérieur

« comme un être vil, sans famille, sans honneur...

« Dans leur délibération, les juges ont naturel-
« lement conclu entre eux qu'il était dans sa légi-
« time défense, et comme tel, il a été jugé et libéré
« à la grande honte du brutal officier, qui, dès ce
« jour, apprend à respecter ses semblables, à ne
« les traiter qu'en frères. »                  (Anselin.)

### Beauté.

Pour avoir la beauté, ayez la santé ; pour avoir
la santé, ayez la bonté.                  (Un Sage.)

Un homme est assez beau quand il a l'âme
belle.                                  (Boursault.)

Il y a quelque chose de plus beau que l'or,
c'est la vertu, c'est le talent.                  (Anselin.)

### Bêtise.

Personne ne fait plus paraître sa bêtise que
celui qui commence de parler avant que celui
qui parle ait achevé.  (Maximes des Orientaux.)

### Bien.

L'homme qui fait le bien et qui s'en vante
n'est pas encore sur le chemin de la vertu.
                                  (Anselin.)

Le premier pas vers le bien est de ne pas faire le mal. (J.-J. Rouss.)

On ne peut pas faire du bien aux méchants sans faire tort aux gens de bien. (Mab.)

On ne fait rien de mieux que le bien.

(Parnel.)

## Bienfaisance.

La bienfaisance est l'élément de toute âme honnête. (Brueys.)

Un bienfait reproché tient toujours lieu d'offense. (Racine.)

Semez les bienfaits, il en naîtra d'heureux souvenirs. (La Bouisse.)

La bienfaisance est une qualité, la charité est une vertu. (L. Veuillot.)

## Bienséance.

Il y a une bienséance à garder pour les paroles comme pour les habits. (Fénelon.)

Il y a des règles de bienséances et d'honneur qui doivent être gardées inviolablement même à l'égard des ennemis. (Rollin.)

Une femme qui va être mère ne se montre plus en public et cesse d'aller dans le monde. Ce n'est absolument que dans sa famille qu'elle se permettra d'accepter à dîner ; autant pour se prévenir d'accidents que par bienséance, elle s'abstiendra de faire des visites, d'aller au théâtre et même dans les promenades fréquentées. Les Anglaises et les Américaines tiennent essentiellement à dissimuler cette position.

(M<sup>me</sup> Louise d'Alg.)

### Bienveillance.

La bienveillance est un sentiment de l'homme social.

(Latena.)

La bienveillance est la qualité la plus attirante.

(D'Alemb.)

La bienveillance donne plus d'amis que la richesse, et plus de crédit que le pouvoir.

(Fénelon.)

### Billets de part.

Les billets de part d'un décès sont généralement bordés de noir, mais il n'en est pas de même de vos enveloppes et papiers à lettres qui, quoique vous soyez en deuil, s'emploient ordinairement sans bordure : c'est d'ailleurs l'usage.

(Anselin.)

### Blague.

Blague, blaguer, blagueur : on se sert encore

de ces mots dans les tripots et non dans la bonne compagnie. (Anselin.)

## Blâme.

On doit craindre le blâme et éviter le ridicule. (La Rochef.)

Il y a presque toujours de l'envie dans le blâme. (Boiste.)

## Bonheur.

Le bonheur est dû à l'accomplissement de la loi morale. (V. Cousin.)

N'entretenez pas de votre bonheur un homme moins heureux que vous. (Pythagore.)

Le bonheur est de sentir son âme bonne. (J. Joubert.)

C'est jouir du bonheur que de voir sans envie le bonheur des autres, et avec satisfaction le bonheur commun. (Bossuet.)

Il n'est point de route plus sûre pour aller au bonheur que celle de la vertu. (J.-J. Rouss.)

Il n'existe pas de destructeur plus acharné du bonheur d'une femme que les autres femmes. (Mme Romieu.)

C'est un grand bonheur sans doute de trouver qui nous oblige ; mais c'en est un bien plus grand de pouvoir obliger autrui. (De Jussieu.)

Rien n'éloigne plus l'homme du port du bonheur que ses prétentions gigantesques.

(L. Dubay.)

Le but de la vie n'est pas le bonheur mais le perfectionnement. (M^{me} de Genlis.)

C'est un délice que de contribuer au bonheur des autres. (Lévizac.)

Heureux est le mari dont la femme, humble et
[sage.
Élève ses enfants et règle le ménage.

(Boursault.)

### Bonté.

Il n'y a que les grands cœurs qui sachent combien il y a de gloire à être bons. (Fénelon.)

Qu'y a-t-il de meilleur que celui qui est la bonté même. (Bossuet.)

La bonté est cette disposition aimante qui porte à contribuer au bonheur d'autrui.

(Weiss.)

La bonté gagne les cœurs. (Massillon.)

Ce n'est ni le génie, ni la gloire, ni l'amour, qui mesurent l'élévation de notre âme, c'est la bonté. (Lacordaire.)

Un homme bon est toujours le bienvenu,

(Boiste.)

### Bouquet.

Au jour de votre fête, ne demandez pas même en plaisanterie un bouquet à vos amis : laissez l'amitié elle-même vous l'offrir. Il en est de même du premier jour de l'an, vous recevrez toutes les belles étrennes qui arriveront, mais il ne faut pas non plus en demander. Les enfants qui le font sont des petits mal élevés.

(Anselin.)

### Bravoure (fausse).

Certaines personnes incandescentes croient que chercher querelle, être agresseur, est synonyme de bravoure. Il n'en est rien. En toute occasion, il est plus naturel, plus juste de se défendre que d'attaquer : la raison le commande.

(Anselin.)

### Brusquerie.

La brusquerie peut cacher un bon cœur, mais elle repousse et fait alors préférer une douce-reuse hypocrisie. (Mabire.)

### Brutalité.

Un homme vraiment bien élevé doit préférablement se séparer de sa femme, se démarier plutôt, s'il y a lieu, que de la battre un seul instant. Cet acte de répugnante brutalité n'appartient de tous les temps qu'à de grossiers personnages qui, on le comprend bien, ne font point partie de la bonne société.     (Anselin.)

## Cadavre.

Quand on monte sur des cadavres, on ne se grandit pas pour longtemps, et l'on s'enfonce bientôt dans la boue.

(Henry de la Pommeraye.)

## Calembourg.

Le calembourg, détrôné dans la bonne société, s'est réfugié dans les parades des théâtres secondaires, et dans les petits journaux satiriques, où il sert de passe-port à des épigrammes plus ou moins piquantes.     (Dumersan.)

Il est rare que le calembourg s'élève jusqu'au bon mot; en général, on l'a nommé, avec raison, l'esprit de ceux qui n'en ont pas     (Ouvry.)

## Calomnie.

La calomnie est l'arme des envieux.

(De Ségur.)

La calomnie, c'est la haine servie par le mensonge.     (P. Larousse.)

La vertu elle-même n'échappe pas aux traits de la calomnie. (Shakespeare.)

On ne triomphe de la calomnie qu'en la dédaignant. (M^{me} de Maintenon.)

Une des dernières dégradations de l'homme est d'avoir quelquefois recours à la calomnie.

(Anselin.)

## Capricieux.

En amitié et dans les relations du monde, les capricieux sont à fuir et à éviter ; ils ne sauraient causer aux cœurs sincères que de cruelles blessures et des ennuis de tous genres. Toute confiance en eux est impossible, et on doit autant s'en méfier que s'ils étaient nos ennemis.

(M^{me} Louise d'Alg.)

## Caractère.

Le vrai caractère perce toujours dans les grandes circonstances. (Napoléon.)

Diseur de bons mots, mauvais caractère.

(Pascal.)

L'homme sans principes est aussi ordinairement sans caractère, car s'il était né avec du caractère, il aurait senti le besoin de se créer des principes. (Chamfort.)

## Caractère emporté.

Fuyez dans tous les temps l'homme intraitable qui, par son caractère emporté, est toujours prêt à sauter au col des gens ; fuyez-le, car pour un mot, une peccadille, un rien, il s'irrite au point de vous parler de sa force matérielle ou de cas de duel. Ne vous trouvez pas, si vous le pouvez, en compagnie de ce personnage excentrique, dont le caractère irascible n'est point fait pour appartenir à la bonne société, qui veut d'ailleurs la bienveillance, la concorde, la fraternité.

Mais vous, prenez le contraire, soyez toujours sans orgueil, pardonnez volontiers à vos amis leurs fautes, afin qu'ils puissent vous aimer et vous pardonner les vôtres.          (Anselin.)

## Cause.

La cause la plus sainte se change en une cause impie, exécrable, quand on emploie le crime pour la soutenir.          (La Mennais.)

## Censure.

La censure est utile, et le mérite seul sait la supporter.          (J.-J. Rouss.)

Il faut se mettre à l'abri de tout reproche, avant de se permettre la censure.          (Boiste.)

## Chagrin.

Le chagrin est toujours inutile, parce qu'il ne remédie à rien.　　　　　　　　(Marivaux.)

Sur trois personnes à qui nous contons nos chagrins, nous en ennuyons deux et nous faisons plaisir à la troisième.　　　　　(M^{me} Bachi.)

Les chagrins aigrissent le caractère, et rendent l'individu très sensible aux choses ou aux circonstances qui, dans l'état naturel, ne l'eussent que faiblement affecté. Les chagrins creusent des rides au front et des sillons au cœur. La voix de la raison nous crie bien haut de chasser ces dangereux ennemis de la santé.

(Debay.)

## Chaise.

Lever quelqu'un d'une chaise pour s'asseoir est une rouge inconvenance qui ne se voit quelquefois que dans les petits salons campagnards.

(Anselin.)

Assis à table, au salon ou ailleurs, on sait qu'il ne faut pas s'appuyer au dossier de la chaise, ni mettre ses pieds sur les barreaux, ni trop écarter ses jambes, et c'est là ce qui s'appelle une pose décente.　　　　　　　　(Anselin.)

## Chapeau.

Un chapeau bien noir et bien brillant, des bottes ou des bottines bien faites et bien vernies ; des gants propres, non déchirés, sont les principales choses sur lesquelles vous ne devez jamais transiger.

(Boitard.)

## Chaperon.

On doit éviter de laisser sortir une jeune fille seule avec son frère, tant que celui-ci n'est pas marié ; elle pourra sortir avec un beau-frère, un oncle, mais jamais avec un cousin.

(Mᵐᵉ Louise d'Alg.)

Une fille, quoique d'un certain âge, ne peut, en aucune circonstance, servir de chaperon à une autre jeune fille, à moins qu'elle ait passé la cinquantaine.

(Anselin.)

## Charité.

Faire pour autrui, en toute rencontre, ce que nous voudrions qu'il fît pour nous, voilà la charité.

(La Menn.)

Si je n'ai point la charité, je ne suis rien.

(Bescherelle.)

Quiconque nourrit contre son prochain des sentiments d'animosité, de haine, de jalousie et de rancune manque de charité ; il ment s'il se dit chrétien, et il offense Dieu.      (Allan Kardec.)

## Chemins de fer.

Aujourd'hui, un peuple sans chemins de fer, sans téléphones, sans voitures publiques peut être considéré comme réfractaire au progrès. Et il n'y a pas de bonnes raisons pour justifier le contraire : To be or not to be.                (Anselin.)

## Choses abominables.

Dieu hait ces six choses, et même il y en a sept qui lui sont en abomination : les yeux hautains, la fausse langue, les mains qui vont répandre le sang innocent ;

Le cœur qui forme de mauvais desseins, les pieds qui se hâtent pour courir au mal ;

Le faux témoin qui prononce des mensonges, et celui qui sème des querelles entre les frères.
                (Prov. bibl.)

Il y a beaucoup de choses qu'il faut savoir déjouer en ne les remarquant pas.
                (Pr. de Ligne.)

## Chuchotement.

Le ton d'une conversation ne doit être ni criard, ni réduit au chuchotement. Ces deux extrêmes sont aussi vulgaires l'un que l'autre. Le chuchotement est excessivement impoli devant des tiers. Sous aucun prétexte, on ne doit s'y laisser aller. C'est un des premiers principes de la bonne éducation.                                      (M^me d'Alg.)

Il ne convient pas de chuchoter en société.

(Littré.)

## Cigare.

Ne fumez jamais dans une promenade publique, ni dans la rue. Entre fumeurs, un cigare peut, sans inconvénient, s'offrir et s'accepter ; mais il ne se demande jamais.                    (Boitard.)

Il n'y a point de société possible avec le cigare.

(E. Augier.)

## Civilité.

Il est de la civilité dans un cercle de ne pas trop élever la voix en parlant.      (Audiffret.)

Oter son chapeau quand on salue ou qu'on est en compagnie, est le premier devoir de la plus simple civilité chez les nations européennes.

(Le même.)

On doit traiter tout le monde avec civilité.

(Littré.)

## Clémence.

La clémence vaut mieux que la justice.

(Vauven.)

La clémence n'a jamais terni aucune gloire.

(Lemontey.)

La clémence est la gloire d'un règne.

(Bossuet.)

Il faut toujours pencher vers la clémence plutôt que vers la cruauté. (Volt.)

## Cœur.

Ne comptez jamais sur le cœur des hommes, mais sur leur intérêt, sur leurs calculs.

(Delorme.)

Un cœur doit être le premier organe de la vérité. (J.-J. Rousseau.)

Il ne faut pas, sans de fortes raisons, scruter le cœur des hommes. Se regarder scrupuleusement soi-même, ne regarder que légèrement les autres, c'est le moyen d'éviter la haine.

(Confucius.)

Mères, donnez à vos filles un sens droit et un cœur honnête. (J.-J. Rousseau.)

Si vous parlez toutes les langues vivantes, ce qui est fort admirable ; si vous êtes un bel esprit, un savant, ce qui est très beau, ma foi ; si vous êtes riche comme un juif, ce qui est fort heureux sans doute : souvenez-vous cependant que ces royales conquêtes — quand vous les obtiendrez toutes à la fois — ne vous donneront le vrai mérite, ne vous rendront réellement puissant que si vous avez bon cœur.     (Anselin.)

## Coïon.

Coïon, coïonnade, coïonner, coïonnerie sont une série de mots populaires qu'on n'entend débiter que dans les halliers, parmi les gens mal élevés.     (Anselin.)

## Colère.

Il n'y a rien de plus méséant que d'être faible et de se mettre en colère.     (Caton.)

Dès qu'on est en colère, il ne faut ni parler, ni agir.     (Marmontel.)

La colère est à la fois le plus aveugle, le plus violent et le plus vil des conseillers.   (Ségur.)

Un homme en colère ne diffère pas de la bête.

(Bescherelle.)

## Commandement.

Il importe pourtant, et le plus qu'on ne pense, que ceux qui doivent commander aux autres se montrent dès leur jeunesse supérieurs à eux de tout point, ou du moins qu'ils y tâchent.

(J.-J. Rousseau.)

## Compagnie.

C'est être en bonne compagnie lorsqu'à sa droite on a la justice, à sa gauche la charité.

(Anselin.)

## Complaisance.

La complaisance est nécessaire dans la société; mais elle doit avoir des bornes; elle devient une servitude quand elle est excessive.

(La Rochef.)

Si vous voulez acquérir de l'autorité sans peine, soyez complaisant.

(Maxime des Orientaux.)

## Complice.

On devient complice du crime qu'on ne dénonce pas.

(M<sup>me</sup> C. Fée.)

## Compliment.

On doit éviter de dire à une femme ou à un homme qui n'a pas encore soixante et dix ans, cette phrase terrible est qui est un compliment à deux tranchants : « Toujours le même, vous ne changez pas ! » Ce qui implique clairement qu'il est à un âge où l'on doit vieillir, à moins d'un heureux phénomène. (M^me Louise d'Alg.)

## Conduite.

Le travail et la bonne conduite ne manquent jamais de trouver leur récompense.

(De Just.)

Il vaut mieux avoir une conduite circonspecte qu'imprudente.

Dans le second cas on regrette toujours ; dans le premier jamais. (Anselin.)

Chanter, manger dans la rue, cette conduite, par trop vulgaire, ne se voit seulement que parmi les gens mal élevés. (Anselin.)

## Confiance.

Lorsqu'on est trop confiant on se laisse tromper. (Anselin.)

## Confidence.

Une confidence prouve aussi souvent de l'indiscrétion que la confiance. (Arnoult.)

Ne fais point confidence avec toute personne ;
Regarde où tu répands les secrets de ton cœur.
(Corneille.)

## Conquérant.

Ceux qui font des heureux sont les vrais con-
quérants. (Voltaire.)

## Conscience.

La conscience est le meilleur livre de morale
que nous ayons, c'est celui que l'on doit consulter le plus souvent. (Pascal.)

Les réflexions, les connaissances, la philosophie, et plus encore la voix d'une conscience
pure, rendent courageux dans le malheur.
(Bossuet.)

S'il est quelque joie dans le monde le cœur
pur la possède. Et s'il y a des angoises et des
tribulations, avant tout elles sont connues de la
mauvaise conscience. (L'Imitation de J. C.)

## Conseil.

Tout mauvais conseil est une flatterie.
(A. d'Houdetot.)

Un jeune esprit a un extrême besoin d'être à l'abri de quelques conseils, comme les fleurs tendres ont besoin qu'on les couvre, pour les garantir du froid. (Halifax.)

## Considération.

Pour mériter à juste titre la sympathie, le respect, la considération : soyez un homme de bien.

(Anselin.)

## Contestation.

Il vaut mieux détourner les yeux de ce qui déplait, et laisser chacun dans son sentiment, que s'arrêter à contester.

(L'Imitation de J. C.)

Un enfant ne doit pas être témoin des contestations qui s'élèvent entre son père et sa mère, encore moins de leurs querelles. (Boitard.)

## Contradiction.

La contradiction est toujours de mauvais ton.

(M$^{me}$ de Puissieux.)

## Convenance.

Une dame ne doit jamais relever sa robe plus haut que la cheville du pied, et toujours de la seule main droite. (Boitard.)

L'homme de la nature, qui n'a pas le moindre sentiment de convenances, parlera de banqueroute dans la maison d'un failli.     (Viennet.)

Il est bon de rappeler aux enfants que, dans la famille ou ailleurs, on ne prend un verre pour le porter à la bouche qu'avec le pouce, le doigt indicateur et le doigt du milieu ; agir autrement, c'est manquer à l'usage.     (Anselin.)

Ayez toujours votre mouchoir dans votre poche. Après vous en être servi, remettez-le à sa place. Le tenir à la main ou à la bouche, comme on le voit quelquefois dans une certaine classe d'individus, est un travers qu'il est bon d'éviter.     (Anselin.)

Au domestique qui sert, on doit apprendre qu'un verre ne s'emplit jamais jusqu'aux bords, qu'il faut toujours y laisser un vide d'un doigt.
     (Anselin.)

Lorsqu'on va se présenter dans une maison soit sur invitation, soit en visite, il est de rigueur de faire attacher son chien, le mener avec soi est une inconvenance à laquelle l'homme de bon ton ne doit point souscrire.     (Anselin.)

## Conversation.

La conversation est le lien de la société ; c'est par elle que s'entretient le commerce de la vie civile, que les esprits se communiquent leurs pensées, que les cœurs expriment leurs mouvements, que les amitiés se commencent et se conservent.　　　　　　　(Saint-Evremond.)

Le secret de plaire dans la conversation est de ne pas trop expliquer les choses.

(La Rochef.)

On a toujours plus d'esprit et d'agrément quand on s'abandonne dans la conversation.

(M<sup>me</sup> Necker.)

L'obscénité dans la conversation est la ressource des ignorants, des sots et des libertins.

(Lavaux.)

Sujet de conversation à l'ordinaire entre personnes instruites : Nouvelles de journaux, beaux-arts, éducation, histoire, littérature, morale, philosophie, sciences et autres questions sérieuses.

Mais lorsque des hommes médiocres s'abordent, ils parlent plus volontiers, et cela est plus facile, d'argent, de vêtements, de chevaux, de femme, et finalement de la chronique scandaleuse.

Jeunesse qui me lisez, car c'est pour vous que j'écris, travaillez désormais, travaillez de toutes vos forces à mériter bientôt une place distinguée parmi les gens de la première catégorie, si vous voulez du moins être comptée au nombre des personnalités marquantes de votre pays.

(Anselin.)

## Coquetterie.

La coquetterie est incompatible avec la vertu.

(Comtesse de Bradi.)

Une coquette peut bien être vertueuse, mais elle n'est jamais innocente. (Mme Cottin.)

La femme coquette est un éternel personnage de bal masqué. (Mme G. Sand.)

La coquetterie n'est point encore l'inconduite, mais elle y mène.

## Correction.

Corrige ton enfant, et il te mettra en repos et donnera du plaisir à ton âme. (Prov. bibl.)

Les corrections corporelles ne sont faites que pour les animaux. (Boitard.)

## Coups.

Il n'y a que les gens mal élevés qui se divertissent à s'entre-frapper, à se donner des coups.

(Bescherelle.)

## Courage.

Courage, toujours! Sans cette condition point de vertu. Courage pour vaincre votre paresse et poursuivre toutes les études honorables; courage pour défendre la patrie et protéger votre semblable en toute rencontre; courage pour résister aux mauvais exemples et aux injustes dérisions; courage pour souffrir maladies, peines, angoisses de toute espèce, sans lâches lamentations; courage pour aspirer à une perfection à laquelle on ne doit pas cesser d'aspirer, si l'on ne veut pas perdre toute noblesse. (Sylvio Pellico.)

Le vrai courage est de savoir souffrir.

(Voltaire.)

Un homme véritablement courageux est à l'abri de l'ivresse de la prospérité et de l'abattement du malheur. (De Ségur.)

## Cracher.

Une règle générale de politesse est de ne jamais cracher sur le plancher, quelle que soit la maison où l'on se trouve, et le plancher ne fût-il qu'un grossier carrelage non frotté.

(Boitard.)

## Crime.

Oublier un bienfait, c'est un crime odieux.

(Colnet.)

## Critique.

Beaucoup de gens ne critiquent que pour ne pas paraître ignorants. Ils ignorent que l'indulgence est la marque de la plus haute culture.

(Carmen Sylva.)

Tout homme qui se mêle de critique sans avoir rien produit est un malhonnête homme.

(J. Janin.)

Un critique n'est formé qu'après plusieurs années d'observations et d'études. Un critiqueur naît du soir au matin.

(La Bruy.)

Il vaut mieux admirer à tort que de critiquer sans raison.

(Littré.)

Il est aisé de critiquer un auteur ; mais il est difficile de l'apprécier.

(Vauven.)

Un critique instruit et sérieux, s'il sait indiquer les côtés faibles, s'il sait blâmer sans passion les défauts d'un ouvrage, mais il sait aussi en faire un juste éloge, au point de vue de l'art.

(Ancelin.)

La critique puérile et tracassière est commune ; mais les critiques vraiment savants sont, comme on le sait, des spécialistes qui n'abondent pas même dans les pays les plus éclairés.

(Anselin.)

## Cruautés.

Un général d'armée qui commet des cruautés avilit, déshonore l'humanité, prend par ce fait un titre nouveau, se nomme massacreur. De nos jours, pour commander ou diriger, il faut être à la fois intelligent, bon, humain, généreux et brave, car :

« On peut être héros sans ravager la terre. »

(Anselin.)

## Curiosité.

La curiosité est une faculté éminemment intellectuelle, dont l'objet est de s'instruire dans les lettres ou dans les arts, toute autre curiosité rend l'homme importun et le déconsidère.

(C<sup>esse</sup> de Bradi.)

La curiosité est le défaut des enfants qui ne savent rien et des sots qui s'occupent des sottises d'autrui.

(M<sup>me</sup> de Puysieux.)

## Danse.

Une fille qui danserait avec son père, ou une femme avec son mari, ferait une chose assez bizarre dont on rirait.                    (Boitard.)

Au bal, avant d'aller demander à danser à une dame, un cavalier bien élevé doit toujours avoir la précaution de se faire présenter. S'il fait autrement et s'il essuie un refus, comme cela arrive quelquefois, c'est de sa faute.

(Anselin.)

Une jeune fille qui danse est obligée d'accepter indistinctement tous ceux qui l'invitent ; si elle refusait sous le prétexte qu'elle est fatiguée et qu'elle acceptât de danser cette même danse refusée avec un autre cavalier, elle risquerait de s'attirer les plus graves désagréments.

(M^me Louise d'Alg.)

## Décence.

La décence est la parure de la femme.

(M^me Monmarsan.)

La décence et la retenue sont la coquetterie du mariage.                    (Alibert.)

Sous un vain prétexte de décence on n'apprend rien aux jeunes filles qui puisse les guider dans la vie.                    (H. Beyle.)

Un homme honnête ne doit jamais avoir à la bouche des propos qui blessent la décence ; il laisse ces discours aux gens de la halle, autrement il se rabaisse, il se déplace.   (Anselin.)

## Déconsidération,

Tâchez de ne donner prise ni au ridicule ni à la déconsidération,                (Balzac.)

Ne souffrez jamais près de vous des gens déconsidérés.                (Balzac.)

Tout gouvernement qui promet plus qu'il ne peut tenir est un gouvernement inconsidéré, déconsidéré, condamné.   (E. de Girardin.)

## Défaut.

Que l'amitié ne t'aveugle pas sur les défauts de ton ami, ni la haine sur les bonnes qualités de ton ennemi.                (Confucius.)

On est aveugle sur ses défauts, clairvoyant sur ceux des autres.          (La Rochef.)

Où trouverez-vous un homme sans défaut ?

(Fénelon.)

L'homme modeste et circonspect voit les défauts d'autrui, mais n'en parle jamais.

(St-Evrem.)

Chacun a son défaut : personne n'est sans

défauts, nul ne se suffit à soi-même, nul n'est assez sage pour se conduire seul, mais il faut nous supporter, nous consoler, nous instruire, nous avertir mutuellement.

(L'Imitation de J. C.)

Les faux honnêtes gens sont ceux qui déguisent leurs défauts.  (La Rochef.)

## Défiance.

Il est bon de se fier aux hommes, mais il est encore mieux de s'en défier.

(Dict<sup>re</sup> des Maximes.)

## Dégoûts.

Chaque condition a ses dégoûts, et à chaque état sont attachées des amertumes.

(Massillon.)

## Dégradation.

Il n'y a que les âmes fortes qui ne sont pas dégradées par le malheur et la misère.

(Boiste.)

Un être dégradé ne peut jamais nous plaire.

(Delille.)

4

### Délateur.

Le prince qui ne châtie point les délateurs les encourage.               (Domitien.)

### Délicatesse.

La délicatesse est la fleur de la vertu.

(Lévis.)

Il n'y a que les bons cœurs et les bons esprits qui aient de la délicatesse.               (Boiste.)

Où il n'y a point de délicatesse, il n'y a point de littérature.               (J. Joubert.)

Je ne vois rien de si ridicule que cette délicatesse d'honneur qui prend tout en mauvaise part.               (Mol.)

La délicatesse est pour les âmes élevées un devoir plus impérieux encore que la justice.

(M^me de Staël.)

### Dénigreur.

On n'entend partout tant de dénigreurs que parce que les hommes sont en général médiocres, sots et jaloux de toute espèce de succès.

(Moreau.)

Un gouvernement qui a succédé à un autre gouvernement ne peut rien gagner à dénigrer son devancier.               (L. Plée.)

Il faut plus de finesse d'esprit pour louer que
pour dénigrer.                          (De Custine.)

## Désespoir.

C'est bien peu connaître les chances de la
fortune que de s'abandonner au désespoir.

(De Bugny.)

Le désespoir est la plus grande de nos erreurs.

(Vauvenargue.)

Le désespoir est la vertu du lâche.

(La Place.)

Le désespoir sied mal à des âmes bien nées ;
Un moment peut changer l'ordre des destinées.

(Levert.)

## Député.

Il n'y a de député légitime que le député
choisi par la nation.          (Royer Collard.)

Un État qui élit inconsidérément des députés,
des sénateurs, des juges sans mœurs, sans instruction, s'attire le ridicule et la mésestime uni-
versels. Comment, en effet, avoir des égards
particuliers pour une nation qui agit aussi légèrement.

Non, on ne peut que la mépriser, la maltraiter
à l'occasion.                          (Anselin.)

## Désir.

Le désir d'un meilleur état est la source de tout le mal dans le monde. (Renan.)

Le désir a toujours la bouche sèche et les mains vides. (***)

Peu de désirs, peu de déceptions. (Descuret.)

L'homme n'est riche que dans la modération de ses désirs. (De Bonald.)

Il est impossible de désirer beaucoup de choses sans prendre le repos, qui vaut mieux que tout ce que l'on désire. (Bourdaloue.)

## Despotisme.

Le despotisme tue dans son germe la grandeur de l'homme, et efface les principes des vertus. (Lamennais.)

Le despotisme est le plus élémentaire des gouvernements. (Vacherot.)

Le despotisme tyrannique des souverains est un attentat sur les droits de la fraternité humaine ; c'est renverser la grande et sage loi de la nature, loi dont ils ne doivent être que les conservateurs. (Fénelon.)

Le despotisme perpétue l'ignorance, et l'ignorance perpétue le despotisme. (Turgot.)

Le despotisme mène à la liberté par l'abus du pouvoir.                    (La Rochef.-Doud.)

Le despotisme a pour premier effet de dégrader l'homme.                    (Ch. Bailly.)

Le despotisme est le plus grave attentat contre la liberté.                    (L'abbé Bautain.)

Le malheur du despotisme et son châtiment est de ne pouvoir jamais compter sur ceux-là mêmes qui le servent avec le plus de dévouement.                    (T. Délord.)

Dès qu'une volonté peut prévaloir contre la justice, il y a despotisme.          (De Barante.)


## Destinée.

On ne peut éviter sa destinée.          (Littré.)

Chacun doit suivre courageusement sa destinée.                    (Fénelon.)

Chacun doit suivre courageusement sa destinée ; il est inutile de s'affliger.          (Nicole.)

Ne nous plaignons jamais de notre destinée ; qui se fait plaindre se fait mépriser.

(Châteaubriand.)

Heureux celui que Dieu a fait naître d'une bonne et sainte famille ! C'est la première des bénédictions de la destinée.          (Lamartine.)

Puisque nous sommes nés pour souffrir et

pour mourir, il faut se familiariser avec cette
dure destinée. (J.-J. Rouss.)

Aimer et connaître, c'est la véritable destinée
de l'homme. (J. de Maistre.)

Si petite que soit notre destinée, la bonté de
Dieu s'y fait une large place. (Petit-Senn.)

## Dettes.

Qui doit a tort. (Prov.)

Il vaut mieux s'endormir sans souper que de
se réveiller avec des dettes. (Maxime anglaise.)

Les dettes abrègent la vie. (J. Joubert.)

Si la modération est une vertu, l'exécution des
lois est une dette et une justice. (Mirabeau.)

Toute dette publique est l'expression de l'ex-
ploitation des masses. (Colins.)

La création d'une dette publique est une
erreur d'économie sociale. (Proud.)

## Deuil.

Deuil de veuve. Un an et six semaines.

Deuil de père et de mère. Un an.

Deuil de grand-père et de grand'mère, de
frère et de sœur. Six mois.

Deuil d'oncle, de tante, de cousins germains.
Trois mois.                              (P. Larousse.)

Êtes-vous en deuil ? Que cela ne se voie seulement que dans votre costume, car le cérémonial n'admet aucunement que vos cartes de visites soient pour cela bordées de noir.

(Anselin.)

Lorsqu'on est en deuil et qu'on ne se rend pas à une invitation, il faut se faire excuser.

(Anselin.)


## Devoir.

Le devoir désunit l'amitié la plus forte.

(Corneille.)

A-t-on jamais pleuré d'avoir fait son devoir.

(Chamfort.)

Faire son devoir rigidement, sans regarder aux conséquences, ainsi doit être tout député qui ne s'est pas encore jeté dans la vénalité.

(Anselin.)

En sacrifiant tout à son devoir, on est sûr d'arriver au bonheur.                    (Florian.)

Dites ce qui est vrai, faites ce qui est bien ; ce qui importe à l'homme c'est de remplir ses devoirs sur la terre.

(J.-J. Rousseau.)

Il n'y a qu'une science à enseigner aux enfants, c'est celle des devoirs de l'homme.

(J.-J. Rousseau.)

Tous nos devoirs sont compris dans la justice et la charité. (V. Cousin.)

Compatir aux erreurs des hommes, être indulgent pour leurs faiblesses, ce sont là les devoirs de chacun de nous. (De Ségur.)

Dans les grands malheurs, ne faire que son devoir, ce n'est pas le faire. (Mᵐᵉ de Maint.)

## Dieu.

Tout annonce d'un Dieu l'éternelle existence ;
On ne peut le comprendre, on ne peut l'ignorer.
La voix de l'Univers atteste sa puissance,
Et la voix de nos cœurs dit qu'il faut l'adorer.

(Voltaire.)

Dieu, pour le concevoir, a fait l'intelligence.

(Lamartine.)

Aidez-vous seulement, et Dieu vous aidera.

(Régnier.)

C'est Dieu qui nous fait vivre, c'est Dieu qu'il faut aimer. (Malherbe.)

Si Dieu se découvrait continuellement aux hommes, il n'y aurait pas de mérite à le croire.

(Pascal.)

Dieu, c'est la vérité. (E. de Gir.)

Prier Dieu, c'est commencer à posséder Dieu. (La Menn.)

Dieu est le bien, il veut le bien, et il aime le bien. (Jules Simon.)

Dieu est amour, paix, harmonie, création, et rien de mauvais ne saurait venir de lui. (Eugène Bonnemère.)

Une conscience sans Dieu, c'est un tribunal sans juge. (Lamartine.)

Dieu est la vie universelle, origine et fin de toutes les vies. (E. Pelletan.)

J'aurais une extrême curiosité de voir celui qui serait persuadé que Dieu n'est point; il me dirait du moins la raison invincible qui a su le convaincre. (La Bruyère.)

Ce que Dieu fait est parfait, l'homme seul est imparfait, et s'il murmure, c'est parce qu'il juge avec l'œil de son imperfection. (Raphaël.)

Les preuves de l'existence de Dieu sont répandues dans toute la nature. (B. de St-Pierre.)

Que Dieu existe, nul ne peut en douter; quelle est sa nature, nul ne peut le comprendre. (Latena.)

L'idée de Dieu est de toutes les preuves de l'existence de Dieu la plus irrécusable. (Géruzez.)

## Différend.

Lorsque deux parents, deux amis cessent de s'entre-saluer, c'est qu'un différend les sépare. Dès lors, les personnes qui s'intéressent à eux doivent tenter résolument de les rapprocher, les réconcilier; mais on ne les laisse pas indéfiniment ennemis. (Anselin.)

## Dîner. (Voyez *Hygiène*.)

## Discrétion.

La discrétion est à l'âme ce que la pudeur est au corps. (Bacon.)

Avoir de la discrétion dans le monde, c'est tout entendre, mais ne jamais rien redire.

(Saint-Prosper.)

La discrétion est nécessaire, indispensable, quand on veut réussir dans ses entreprises.

(Al. Duval.)

Il faut savoir se retirer avec discrétion, lorsqu'on s'aperçoit qu'on est de trop.

(P. Larousse.)

On se fiera à votre discrétion lorsque vous témoignerez beaucoup de retenue et de maturité dans vos actions. (Nicole.)

## Dissimulation.

L'homme se déprave dès qu'il a dans le cœur une seule pensée qu'il est constamment forcé de dissimuler. (Benjamin Constant.)

La dissimulation ne doit aller que jusqu'au silence. (Le roi Stanislas.)

La dissimulation est indigne d'un honnête homme. (Fénelon.)

## Dispute et Discussion.

C'est une gloire à l'homme de s'abstenir des disputes ; mais tout insensé s'y engage. (Prov. bibl.)

La dispute a la vraisemblance pour principe dans ses commencements, l'opiniâtreté dans ses progrès, et pour la fin l'emportement. (Oxtenstiern.)

Longue dispute signifie : les deux partis ont tort. (Voltaire.)

Dans une discussion orageuse, ne prenez parti ni pour ni contre, et ne vous en mêlez que si vous pensez pouvoir mettre les partis d'accord. (Boitard.)

## Distinction.

Le mérite met de la distinction entre les personnes.                              (Bescherelle.)

Pour avoir de la distinction et de la grandeur,
il faut être à la fois de bonnes manières, honnête,
instruit, charitable, bienfaisant ; vertus spéciales
que l'on ne peut obtenir en ce monde sans de
vigoureux et continuels efforts.        (Anselin.)


## Douceur.

Rien n'est plus utile à l'homme que la douceur
et la complaisance.                    (Térence.)

Mettez de la douceur dans tout ce que vous
faites. La parole douce gagne beaucoup d'amis et
apaise les ennemis.            (Écriture sainte.)

Une femme sans douceur est une fleur sans
parfum, un fruit sans saveur.       (A. Debay.)

La douceur est la fleur de la charité.
                                       (Bossuet.)

La douceur attire l'affection.     (Helvétius.)

La première, la plus importante et la plus
agréable qualité d'une femme est la douceur.
                                    (J.-J. Rouss.)

## Douleur.

La véritable douleur, dit Boitard, est muette.

Pleurez, pleurez, cependant, si les larmes vous montent aux yeux; mais ne vous abandonnez jamais à ces plaintes extravagantes, qui vous présentent en quelque sorte comme un être déraisonnable et insensé. (Anselin.)

## Dommage.

Tout homme qui contribue, de quelque manière que ce soit, à un dommage, doit le réparer. (Montesq.)

## Domination.

Rien n'est si fragile qu'une domination purement fondée sur la force. (Jouffroy.)

La domination, c'est la guerre, et la liberté, c'est la paix. (La Menn.)

La plus humiliante des dominations est assurément celle de la force aveugle opprimant l'esprit et la liberté. (Proud'hon.)

## Droit.

Les lois sont faites pour nous protéger tous et pour assurer nos droits.           (De Jus.)

La défense de notre vie, de nos biens, de notre liberté, est un droit rigoureux.

(Bescherelle.)

« Personne n'est censé ignorer la loi. »

Que l'on se passionne donc pour le droit, et que l'on s'en occupe plus soucieusement en l'étudiant avec autant de soin, autant d'assiduité que les autres branches des connaissances humaines.           (A. Firmin.)

## Duel.

Entre particuliers, dans le duel de plume ou de paroles, lorsqu'un adversaire n'a point d'éducation, ne possède pas foncièrement sa langue pour être spirituel, il est forcément obligé d'avoir recours aux insultes. Ne peut-on exposer fermement, poliment les torts, les griefs de quelqu'un?

Si vous rendez injure pour injure, de quel côté est la supériorité?           (Anselin.)

## Dureté.

L'expérience confirme que l'indulgence pour soi, et la dureté pour les autres, n'est qu'un seul et même vice.           (La Bruy.)

Des enfants élevés avec dureté par leurs parents et vivant dans la crainte continuelle des punitions, ne peuvent devenir que des menteurs ; ils mentent dans l'intérêt d'éviter ou de retarder leur supplice : qui osera les en blâmer?

Les enfants élevés avec douceur, qui regardent par conséquent leurs parents plutôt comme des amis que comme des maîtres impérieux et sévères; que l'on corrige par le raisonnement et le plus rarement possible par les punitions, deviennent rarement menteurs.      (Boitard.)

Les hommes extrêmement heureux et les hommes extrêmement malheureux sont également portés à la dureté.      (Montesq.)

### Économie.

L'économie est la source de l'indépendance et de la libéralité.      (M^me Geoffrin.)

Le travail chasse la misère, et c'est l'économie qui l'empêche de revenir.      (De Juss.)

Il est bon, il est avantageux même de faire, lorsqu'on le peut, des économies; mais avoir des dettes et encaisser de l'argent est irraisonnable et indigne de celui qui veut porter le titre d'honnête homme. Payez d'abord vos dettes, entassez ensuite tout autant qu'il vous plaira, voilà la règle et voilà l'équité.      (Anselin.)

L'économie privée nous enseigne à régler convenablement les consommations de la famille.

(J.-B. Say.)

Une femme doit être la vigilante économe de sa maison. (P. Larousse.)

Rien ne contribue plus à l'économie et à la propreté que de tenir chaque chose en sa place.

(Fénelon.)

L'économie est vertu dans la pauvreté, sagesse dans la médiocrité et vice dans l'opulence.

(Forten.)

Dépense bien ordonnée, maison bien réglée : voilà l'économie. (Descuret.)

Le mariage est une association dans laquelle l'homme doit représenter le travail et la femme l'économie. (E. de Gir.)

## Écuyer tranchant.

Donner à dîner chez soi est, comme on sait, une très grosse affaire, et on n'invite pas quelqu'un pour le prier de remplir le rôle de l'écuyer tranchant. C'est violer les convenances. A défaut de cet officier, la maîtresse de la maison, qui connaît ses devoirs, doit, tout naturellement, se charger de cette corvée. (Anselin.)

## Éducation.

C'est l'éducation qui fait les mœurs domestiques, inspire les vertus sociales, prépare des miracles inespérés de progrès intellectuel, moral, religieux; c'est l'éducation qui fait la grandeur des peuples et maintient leur splendeur, qui prévient leur décadence, et, au besoin, les relève de leur chute.                    (Dupanloup.)

Celui qui n'a pas d'éducation ressemble à un corps sans âme.                    (Max. Orient.)

Ce qu'il y a de merveilleusement propre à l'éducation, c'est la visite des pays étrangers pour frotter et limer notre cervelle contre celle d'autrui.                    (Montaigne.)

La patience et la douceur sont les meilleurs moyens dans l'éducation des enfants.
                    (M^me Monmarson.)

C'est dans le problème de l'éducation que gît le grand secret du perfectionnement de l'humanité.                    (Kant.)

On doit entendre par éducation tout ce qui sert à former les habitudes, et par instruction, tout ce qui donne des connaissances.
                    (De Bonald.)

L'éducation des enfants est une chose à laquelle il faut s'attacher fortement.        (Mol.)

La mauvaise santé des femmes est due en grande partie à leur éducation.

(M<sup>me</sup> Romieu.)

C'est par l'éducation qu'on parvient à modifier les fâcheuses dispositions du tempérament.

(Giroud.)

L'éducation de l'homme commence au berceau.

(Esquirol.)

L'éducation est de tous les âges; elle commence et elle finit avec nous.

(St-Marc. Gir.)

Vivre sans rien faire est aujourd'hui le signe de l'infériorité de capacité et d'éducation.

(M<sup>me</sup> Guizot.)

Nos qualités nous viennent de la nature, mais nos vertus sont le fruit de notre éducation.

(M<sup>me</sup> E. de Gir.)

Cette première éducation, donnée par une mère tendre et vertueuse, a toujours autant d'influence sur notre avenir que les qualités naturelles les plus précieuses.   (Napol. III.)

L'éducation demande une bonté que rien n'irrite, que rien ne lasse.   (Le P. Félix.)

C'est l'éducation qui fait de l'enfant un homme et un citoyen.   (Vacherot.)

L'éducation fait les honnêtes gens et les bons citoyens.   (Cormen.)

Le bonheur des peuples et la tranquillité des États dépendent de la bonne éducation de la jeunesse. (J.-L. Mabire.)

La base la plus inébranlable de l'ordre social est l'éducation morale de la jeunesse.

(Guizot.)

L'éducation de la première enfance est l'œuvre sacrée des mères : elle peut changer la face du monde, disait Leibnitz. (X.)

Depuis les siècles les plus vertueux et les plus sages jusqu'à nos jours, on s'est plaint que les républiques ne s'occupent que trop des lois et pas assez de l'éducation. (Bacon.)

L'éducation affaiblit le penchant au mal et fortifie le penchant au bien. (Mlle de Somery.)

L'éducation est une assurance pour la vie et un passe-port pour l'éternité.

(La Rochef.-Doud.)

Il n'y a rien à gagner que des coups avec les gens grossiers et sans éducation. (Boitard.)

Les mœurs naissent de l'éducation.

(Royer-Collard.)

Une demoiselle qu'on voit tantôt sur le trottoir, tantôt au coin de la rue prouve par le fait qu'elle manque absolument d'éducation. On sait que les filles dissolues n'ont guère d'autre conduite. (Anselin.)

Comment pouvons-nous prétendre être bons, courtois, irréprochables, en un mot, si nous n'avons, dès l'enfance, reçu une excellente éducation de famille.

On sait déjà, on sait que nous ne sommes pas tous nés dans cette heureuse condition ; or, quoi que nous fassions, nous n'aurons que des manières gauches, inélégantes, rudes, inciviles ; involontairement, nous pécherons bien des fois contre l'usage ou la morale.

Mais ne nous décourageons pas : on n'ignore pas que tout s'obtient dans le monde par la persévérance, le travail et la bonne volonté.

Quand avec le temps, nous aurons fui notre plus cruel ennemi, le mal, quand nous aurons mis en pratique toutes les bonnes et salutaires notions renfermées dans ce petit livre (voyez la belle transformation opérée !) alors seulement, nous serons aux yeux de tous, des êtres vraiment distingués, nous n'aurons pas encore ce qui s'appelle une parfaite éducation, car il faudrait de nombreux volumes pour y arriver, mais nous serons avant tout des gens de bien dans toute l'acception du terme.

Puissions nous y réussir !  (Anselin.)

## Écrivain.

Pour être un écrivain il faut d'abord avoir des idées.                    (P. Larousse).

L'écrivain original n'est pas celui qui n'imite personne, mais celui que personne n'imite.
                    (Châteaub.)

Pour imiter les écrivains il faut emprunter leur âme.                    (Nisard.)

Les écrivains qui condescendent à former le cortège du pouvoir sont généralement médiocres et subalternes                    (B. Const.)

Aucun écrivain qui se respecte ne consentirait à être censeur.                    (B. Const.)

Il faut, pour être un grand écrivain, une perspicacité, une finesse de tact plus grande que pour être un grand philosophe.   (J. Joubert.)

Dans tout grand écrivain il doit y avoir un grand grammairien.                    (V. Hugo.)

L'emploi du mot propre est une des premières qualités de l'écrivain.                    (P. Larousse.)

La fidélité à sa propre pensée, voilà le suprême devoir de l'écrivain.                    (V. de Laprade.)

Travaille pour la gloire, et qu'un sordide gain
Ne soit jamais l'objet d'un illustre écrivain.
                    (Boileau.)

C'est l'intérêt, et non la vérité qui guide un écrivain mercenaire. (B. de Saint-Pierre.)

Un homme de lettres, un publiciste, qui écrit dans un journal ou dans un livre des paroles sales, impudiques, prend par ce fait le titre d'écrivain ordurier. C'est une tache dont il ne se lavera jamais. Lorsqu'on sait écrire, lorsqu'on a reçu une bonne éducation, on peut, en tout état de cause, attaquer ou se défendre poliment ; mais l'on ne descendra jamais dans les termes ignobles, affreux vocabulaire des gens de la halle. (Anselin.)

## Effronterie.

L'effronterie est l'enseigne de la bêtise qui ne se comprend pas elle-même et ne peut se juger. (Boiste.)

L'effronterie est l'avorton de l'audace. (Rivarol.)

De l'effronterie à la dépravation il n'y a qu'un pas. (X.)

Une fille qui regarde hardiment les hommes a de l'effronterie ; celle qui supporte leurs regards sans baisser la vue n'a que de l'impudeur. (Noël.)

Toute jeune fille qui, à quinze ans, ne s'est

pas senti quelquefois monter au visage l'aimable rougeur de la modestie et de la pudeur, plus tard sera certainement comptée parmi les effron- tées. (Denne-Baron.)

## Égoïsme.

L'égoïsme en rétrécissant l'âme doit naturel- lement étouffer par là les qualités qu'elle renfer- mait ; voilà pourquoi il est bien difficile à un égoïste d'être moral. (Livry.)

L'égoïsme est la source de tous les vices, comme la charité est la source de toutes les ver- tus ; détruire l'un, développer l'autre, tel doit être le but de tous les efforts de l'homme, s'il veut assurer son bonheur ici-bas aussi bien que dans l'avenir. (Allan Kardec.)

## Égalité.

L'égalité est la première loi dont devraient s'inspirer tous les esprits. Elle est constamment méconnue. Dès que nous sommes revêtus de la plus petite autorité, nous oublions notre com- mune origine. Le caporal est tenté de se croire une autre pâte que son soldat. C'est parce que l'égalité n'est pas dans nos cœurs et que la frater- nité est si rare. (Henry de Lapommeraye.)

On sait qu'il faut de l'ordre et des rangs pour le maintien de la société : l'égalité est donc impossible. (La Rochef.)

L'égalité s'écrit dans les lois longtemps avant de s'établir entre les races. (Lamartine.)

Les populations modernes sont avides d'égalité et de liberté. (Mich. Chev.)

L'égalité des classes n'existe pas, mais l'égalité des individus existe. (E. de Gir.)

En république et sous de certains points de vue, tous les hommes sont égaux ; mais quoi qu'on fasse, il existera dans le monde la supériorité de rang et de qualité : cela est incontestable. Pour ne prendre qu'un exemple, un homme ignorant peut-il à bon titre se croire l'égal d'un riche, d'un prince, d'un savant, d'un littérateur, d'un poète, d'un homme d'éducation ? Les distances, on le voit, sont considérables, et tant qu'il y aura la haute société, toujours elles existeront. (Anselin.)

## Égards.

Il est naturel d'avoir des égards les uns pour les autres ; la sociabilité nous y porte.

(Roubaud.)

Le respect et les égards pour les femmes

dénotent toujours l'homme de bonne compagnie.

(M^me Campan.)

Il ne faut pas se voir trop souvent ni trop intimement pour conserver les égards réciproques.

(Godwin.)

La connaissance des égards est une partie bien essentielle de la bonne éducation.

(Acad.)

Puisque la bonne éducation nous commande d'avoir des égards pour nos semblables, il semble, après tout, qu'il n'y ait pas lieu d'en moins montrer pour le souverain et autres autorités qui gouvernent un État. Ne doit-on pas, en toutes circonstances, parler ou écrire poliment ?

(Anselin.)

Au milieu des hommes, il faut des égards réciproques, il faut apporter un caractère doux, bon, compatissant, et non vif, impérieux et emporté.

(Anselin.)

## Élévation.

L'élévation a ses assujettissements et ses inquiétudes.

(Massillon.)

Un sot dans l'élévation est comme un homme placé sur une éminence du haut de laquelle tout le monde lui paraît petit, et d'où il paraît petit à tout le monde.

(***)

## Embrassade.

Dans une visite de cérémonie, les embrassades, même entre dames, annoncent un complet manque d'usage.

Du reste, je n'ai jamais vu d'embrassades que dans les salons de la plus petite bourgeoisie et chez les paysans. (Boitard.)

## Emploi.

Il y a moins de honte d'être refusé pour un emploi qu'on mérite, que d'y être placé sans le mériter. (La Bruy.)

Servir son pays est une noble ambition. Mais, pour aspirer aux hautes charges, il faut avoir du prestige, de l'éducation, de l'instruction surtout. Cela est incontestable. On doit, ce semble, porter une charge et non la traîner. Chose singulière ! Tandis que l'homme de talent s'inquiète, hésite quelquefois à accepter une haute fonction, le véritable ignorant, inconscient et sans souci, se croit propre à tout. « Toutes sortes d'emplois ne conviennent pas à toutes sortes de personnes, dit Saint-Evremond » et c'est là aussi l'avis de tous les gens sensés. (Anselin.)

## Emprunt.

Empruntez plutôt à un usurier qu'à un ami qui, dans toutes les occasions, vous parlerait de ce qu'il a fait pour vous.          (Boitard.)

## Ennemi.

Si votre ennemi a faim, donnez-lui à manger ; s'il a soif, donnez-lui à boire.          (Salomon.)

Il n'est pas de plus grands ennemis du bonheur et de la santé que l'oisiveté et la paresse.

(De Juss.)

L'orgueil est le plus dangereux ennemi que vous ayez à combattre.          (Fléchier.)

Abstenez-vous de nuire à votre ennemi.

(Massillon.)

Quand ton ennemi sera tombé, ne t'en réjouis point ; et quand il sera renversé, que ton cœur ne s'en égaie point ;

De peur que l'Éternel ne le voie, et que cela ne lui déplaise, tellement qu'il détourne sa colère de dessus lui sur toi.          (Prov. bibl.)

Le meilleur moyen de se défaire de ses ennemis, c'est de s'en faire des amis,    (Henri IV.)

Croire qu'un faible ennemi ne peut pas nuire, c'est croire qu'une étincelle ne peut pas causer un incendie.          (Saadi.)

## Ennui.

L'ennui, qui dévore les autres hommes au milieu même des délices, est inconnu à ceux qui savent s'occuper par la lecture.     (Fénelon.)

Le remède contre l'ennui, c'est le travail et non le plaisir.     (Trublet.)

L'ennui est le mal des gens inutiles, des paresseux et des sots.     (Ch. Nodier.)

## Enterrement.

Il serait très impoli de ne pas assister à une cérémonie funèbre où l'on aurait été invité par lettre spéciale. A l'heure annoncée, vous vous rendrez à la maison du défunt; votre toilette doit être sévère. Laissez paraître votre affliction si vous en éprouvez. Si le défunt vous est indifférent, restez grave, silencieux, mais n'affectez pas une affliction que vous n'avez pas. Laissez cette hypocrisie aux héritiers. Entrez à l'église ou au temple, et accomplissez les cérémonies d'usage. Si le défunt est un parent ou un ami, ou un supérieur immédiat, accompagnez-le jusqu'au cimetière. S'il n'est rien de tout cela, vous pouvez quitter le convoi en sortant de l'église.

Si vous ne voulez pas passer pour un niais vaniteux, gardez-vous d'aller bavarder des phrases sur un cercueil. La véritable affliction est muette. (Boitard.)

La pompe des enterrements intéresse plus la vanité des vivants que la mémoire des morts.

(Larochef.)

Si l'on vous invite à assister à un enterrement, en homme de bonne compagnie, vous vous présenterez en grand noir et non avec un vêtement d'étoffe couleur, ce qui n'est pas sérieux. (Anselin.)

## Entretien.

Les entretiens polissons préparent les mœurs libertines. (J.-J. Rouss.)

Les mauvais entretiens corrompent les bonnes mœurs. (St-Jérôme.)

Le libre épanchement de l'esprit et du cœur,
Voilà des entretiens la première douceur.

(Delille.)

Dans l'entretien, il faut avoir la vue de profiter aux autres et de profiter des autres. (Nicole.)

## Envie.

L'envie est plus irréconciliable que la haine.

(Larochef.)

C'est un malheur que les hommes ne puissent

d'ordinaire posséder aucun talent sans avoir quelque envie d'abaisser les autres. (Vauven.)

Envier quelqu'un c'est s'avouer son inférieur.
(M^lle de Lespinasse.)

L'envie n'a pas le courage assez bon pour chercher la véritable grandeur, mais elle ne tâche de s'élever qu'en abaissant les autres.
(Bossuet.)

L'envie harcèle toujours le mérite.
(Beschérelle.)

## Époux.

Quiconque est bien bon fils doit être bon époux. (Picard.)

Le bonheur des époux est dans la confiance.
(Desfontaines.)

La bonté du caractère procure seule un bonheur constant aux époux. (J. Droz.)

Il faut des époux assortis
Dans les liens du mariage. (Hoffmann.)

L'épouse ne doit chercher à plaire qu'à son mari ; elle n'a que faire des adorations du public. (A. Debay.)

## Équité.

Un monarque n'est rien sans l'équité.
(Lemercier.)

Il faut avoir été victime de l'injustice pour sentir et apprécier l'équité   (L'abbé Bautain.)

## Espérance.

Celui qui vit d'espérance court risque de mourir de faim.                 (Franklin.)

L'homme qui se laisse conduire par l'espérance voyage avec la pauvreté.        (Henneq.)

## Espion.

Il faut avoir des espions dans l'armée ennemie.
(Acad.)

Quand les espions n'ont rien découvert, ils inventent.                 (B. Constant.)

L'infamie nécessaire de l'espion fait juger de l'infamie de la chose.         (Montesq.)

Surveiller par curiosité les actions, les faiblesses d'autrui, pour ensuite les révéler, cela s'appelle, je crois, être espion. Dans tous les pays de la terre, l'espion n'est pas un être humain, mais une monstruosité, une horreur.

(Anselin.)

## Esprit.

L'esprit est la faculté de dire ou de faire ce qui convient.                 (Destouches.)

Les gens d'esprit sont quelquefois bien bêtes, mais les bêtes jamais ne sont des gens d'esprit.

(Stall.)

L'une des marques de la médiocrité de l'esprit est de toujours conter. (La Bruy.)

On ne saurait aimer une femme d'un esprit trop inférieur. (Bayle.)

Lorsque chez un homme l'esprit seul est formé — le cœur ne l'étant pas — il peut, d'un moment à l'autre, devenir vicieux, méchant, tout ce qu'on voudra. (Anselin.)

## Estime.

Sans l'estime il n'est point de solide amitié.

(Desmoutier.)

C'est une consolation en mourant de laisser son nom en estime parmi les hommes. (Boss.)

L'estime est due aux qualités personnelles.

(Grimm.)

L'estime des honnêtes gens est la seule dont on puisse s'applaudir. (Beauchêne.)

Conduisez-vous partout de façon à garder toujours votre propre estime, et vous ferez bien.

(Anselin.)

## État.

Dans un État populaire, il faut un principal ressort, la vertu, — cet amour de la patrie, de la famille, des bonnes mœurs et des lois, — qui fait préférer l'honneur aux honneurs, le devoir au plaisir, le droit à la force, la justice au succès.

(E. Perrot de Cherzelles.)

L'anarchie est le pire des États.    (Dupin.)

L'état moral d'un pays finit toujours par décider de son état politique.        (St-Marc Gir.)

## Éternuement.

On vous salue quand vous éternuez, pour vous marquer, dit Aristote, qu'on honore votre cerveau, le siège du bon sens et de l'esprit.   (St-Foix.)

Il faut se surveiller et éviter autant que possible les éternuements bruyants, car c'est on ne peut plus vulgaire.                (Anselin.)

## Étude, Science.

L'étude est le nerf de l'intelligence.

(Laurentie.)

L'étude est la plus solide nourriture de l'esprit.

(St-Evrem.)

L'étude commence un honnête homme et le commerce du monde l'achève.       (St-Evrem.)

Il n'y a que les âmes aimantes qui soient propres à l'étude de la nature.          (B. de St-Pierre.)

L'étude est le garde-fou de la jeunesse.
          (La Rochef.-Doud.)

Rien n'est plus propre que l'étude à dissiper les troubles du cœur.          (Châteaub.)

La science est à l'homme ce que le soleil est à la terre.          (E. de Gir.)

La science appliquée à l'industrie centuple en quelques années la prospérité d'une nation.
          (E. About.)

Les gens d'esprit et de science sont la quintessence du genre humain.          (Fréd. II.)

Beaucoup de science découvre à l'homme sa vaste ignorance.          (Young.)

Sans la science on n'est pas homme de bien complètement.          (Ch. Bailly.)

La philosophie sera toujours la plus noble des études, moins par ce qu'elle trouve que par ce qu'elle cherche.          (S. de Sacy.)

Les études sévères préparent seules aux destinées graves.          (Guizot.)

L'histoire est l'étude des peuples, la morale est l'étude de l'homme.          (P. Lymayrac.)

Les sciences physiques nous habituent à raisonner nos actions, à porter dans nos rapports sociaux le calme, la sagacité qu'elles exigent elles-mêmes.                    (W. Herschell.)

Toutes les sciences concourent à civiliser la terre.                    (J. Droz.)

Toutes les sciences aboutissent à la science sociale.                    (E. Littré.)

L'homme crée d'abord la mathématique, science du nombre, science de toutes les sciences.
                    (E. Pelletan.)

Diplomatie! science de ceux qui n'en ont aucune et qui sont profonds comme le vide.      (Balz.)

Les sciences sont l'aliment de l'esprit.
                    (Larousse.)

La politique pousse à la rivalité ; la science conduit à l'unité.                    (E. de Gir.)

Ce qu'il y a de positif dans la science, ce sont les sciences.                    (J. Simon.)

La science et la philosophie doivent suffire un jour à l'humanité.                    (Vacherot.)

Ne crains pas la science, âpre sentier de feu,
    Route austère, il est vrai, mais des grands
                    [cœurs choisie.
                    (V. Hugo.)

Dans l'étude, il ne faut jamais se décourager, le succès vient à l'improviste.          (Del.)

La vie la plus paisible se passe dans l'étude.
                    (Boiste.)

Il faut avoir beaucoup étudié, pour arriver à savoir qu'on ne sait rien, ou du moins pas grand' chose.

(Boitard.)

L'étude est, par elle-même, de toutes les occupations celle qui procure à ceux qui s'y attachent les plaisirs les plus attrayants.

(M$^{lle}$ Marie Curo.)

Dans tous les âges, l'amour du travail, le goût de l'étude est un bien. (Marmontel.)

Si vos forces vous le permettent, soyez à la fois homme scientifique et littéraire, et vous ferez, croyez-moi, brillante figure en ce monde.

(Anselin.)

Celui qui, quoique fort avancé dans ses études littéraires, n'a cependant aucune idée des sciences et des arts, celui-là, on peut en être sûr, a la compréhension bien faible, bien incomplète, car jusque-là, dans les choses qui ne sont pas du domaine des lettres, il ne sera certainement qu'un beau parleur et un élégant radoteur.

(Anselin.)

Travaillez toujours ! Travailez pour ne pas vous rendre paresseux ; travaillez surtout pour avoir l'esprit sérieux et cultivé, car il est permis d'ignorer certaines matières appartenant aux études élevées, mais les choses classiques, élémentaires ne sont du moins pas ignorables.

(Anselin.)

## Exemple.

Les mauvais exemples d'une mère portent quelquefois une fille à s'abandonner.   (Acad.)

Rien n'est si contagieux que le mauvais exemple, et nous ne faisons jamais de grands biens ni de grands maux qui n'en produisent de semblables.   (La Rochef.)

Évitons surtout de parler de nous-mêmes et de nous donner pour exemple.   (La Rochef.)

Tout est perdu quand les méchants servent d'exemple et les bons de risée.   (Pythagore.)

L'autorité doit toujours donner l'exemple des bons procédés.   (E. de Gir.)

## Existence.

Vivre honnêtement, avoir quelques bonnes qualités, aimer ses semblables et ne leur faire jamais aucun mal, en ce siècle prosaïque où nous sommes, voilà certes une existence noble, rare et presque idéale!...

Heureux, ô heureux le paisible mortel qui peut ainsi la réaliser !   (Anselin).

## Expérience.

L'expérience nous rend sages.     (Chaum.)

Heureux qui, par ses maux, acquiert l'expé-
[rience !

Il en a plus de cœur, de bonté, de prudence.
(Fréville.)

Le meilleur conseil est l'expérience ; mais ce
conseil arrive toujours trop tard.
(M^{me} Ancelot.)

L'expérience qui ne s'acquiert que par des
fautes est un maître qui coûte trop cher.
(Stanislas.)

L'expérience du monde en dégoûte.
(J.-J. Rousseau.)

## Extinction de race.

Aujourd'hui, par ce siècle civilisateur, il ne
peut plus être question, chez les nations, d'exterminer une race inférieure ou avancée : la perfection qui s'opère, l'influence des religions, la
fraternité humaine s'y opposent manifestement.
(Anselin.)

Les puissances européennes, celles bien entendu qui possèdent des colonies, sont depuis
longtemps en train de civiliser, de christianiser

les peuples fétichistes de l'Afrique et de l'Asie,
mais non de les exterminer .pour leur ignorance
ou leur superstition.                    (Anselin.)

## Famille.

Ce qui fait la famille, c'est le sentiment
d'obéissance par lequel une femme et des enfants
agissent sous la direction d'un père et d'un mari.
                                        (H. Taine.)

On ne voit guère que des gens de bien se
plaire au sein de leur famille, et s'y enfermer
volontairement.                        (J.-J. Rouss.)

Malheur à celui qui se méprend sur les devoirs
que la famille impose!            (C^esse de Badi.)

L'individu inutile à la famille le sera toujours
à la patrie.                                (Id.)

On ne peut bien gouverner sa famille qu'en lui
donnant l'exemple.                    (Confucius.)

Les torts qu'un homme peut avoir dans l'intérieur de sa famille ne regardent que sa famille.
                                            (Volt.)

Pour les femmes, il n'y a de bonheur que
dans la vie de famille.            (M^me E. de Gir.)

## Familiarité.

La ligne où doit s'arrêter la familiarité n'est

perceptible que pour les gens qui ont le cœur bien placé.  (V. Ratier.)

La simplicité se fait respecter, la familiarité se rend méprisable.  (Mirabeau.)

La familiarité engendre le mépris.  (Prov.)

## Fatuité.

Le fat n'est qu'un sot enivré d'admiration pour lui-même.  (Latena.)

## Fausseté.

De la fausseté à la trahison et à la perfidie la pente est rapide.  (St-Prosp.)

La fausseté ne peut longtemps se soutenir ; elle n'a qu'un instant pour tromper.

(Démoph.)

Un homme a de la fausseté dans le cœur, quand il est accoutumé à flatter et à se parer des sentiments qu'il n'a pas.  (Volt.)

## Faute.

Personne n'est sujet à plus de fautes que ceux qui n'agissent que par réflexion.  (Vauven.)

Quand on voit quelqu'un faire des fautes, il faut se demander à soi-même comme Platon : Ne lui ressemblé-je pas ?  (Ricard.)

Quand vous verrez votre frère commettre une faute même une faute grave, ne pensez pas cependant être meilleur que lui. (La Menn.)

## Faveur.

Tout est grand dans le temple de la faveur, excepté les portes qui sont si basses qu'il faut y entrer en rampant. (De Lévis.)

## Femme.

Je requiers d'une femme mariée, au-dessus de toute autre vertu, la vertu économique.

(Montaigne.)

Les femmes ne peuvent pas comprendre qu'il y ait des hommes désintéressés à leur égard.

(Vauven.)

Une femme sage et pieuse est un bienfait du ciel. (A. Martin.)

Les femmes n'ont point de plus grands ennemis que les femmes. (Duclos.)

Peu de femmes ont assez de raison pour sentir qu'elles ont besoin d'être gouvernées. et ce qu'il y a de plus fâcheux, c'est que ce sont celles qui le sentent qui pourraient le plus s'en passer.

(De Lévis.)

Avec un esprit cultivé la femme ne vieillit jamais, on la recherche toujours.  (A. Debay.)

Quand chez une femme la paresse est assez intense pour l'empêcher de tenir sa chevelure en bon ordre et de veiller à présenter un aspect propre et agréable, il faut reconnaître en elle une certaine bestialité, qui fait tristement augurer de sa nature et de sa destinée.

(M^me Emmeline Raymond.)

L'acte le plus important de la vie est le choix d'une femme.                    (J. Droz.)

Une femme fidèle est digne qu'on l'admire.

(Poisson.)

La femme est un être qu'il faut traiter avec autant de gravité que de délicatesse.

(Vacherot.)

A certain âge une femme qui danse achève de se défigurer.          (M^me de Rosemberg.)

Les femmes poètes sont mauvaises ménagères : la rime s'accorde mal avec l'économie.

(Boiste.)

La femme doit vivre retirée, cachée, abritée.

(J. Simon.)

Toutes les relations qui n'ont point la sincérité pour base sont déplorables et honteuses : on trompe et l'on est trompé ; on ne mérite et on n'obtient aucune confiance. La femme dont le cœur manque de sincérité est artificieuse, dissimulée, fausse ; on la craint, on la méprise et on s'en éloigne. La femme, pour être digne et estimée, doit mettre de la franchise et de la sincérité dans toutes ses actions.

(A. Debay.)

### Fers.

L'usage antique et barbare de mettre un prisonnier dans les fers pour s'assurer de sa personne est décidément aboli de nos jours. La civilisation en a triomphé.

Aujourd'hui, et partout, les gens d'armes seuls, à la porte des prisons, veillent à la sûreté des détenus. (Anselin.)

### Fétichisme. (Voy. *Religion*.)

### Fidélité.

Il faut qu'une femme soit fidèle à son mari, et réciproquement. (Bescherelle.)

### Fierté.

La fierté a toujours été la faible ressource et la vaine décoration de la médiocrité.

(Massillon.)

La fierté dans les manières est le vice des sots.                                      (Boileau.)

La fierté dans l'âme est de la grandeur.
                                      (Voltaire.)

Il n'est point de fierté que le sort n'humilie.
                                      (Crébillon.)

La fierté et les manières hautaines sont les sources les plus naturelles de l'impolitesse.
                                      (Bellegarde)

### Finesse.

La finesse est une qualité dans l'esprit, et un vice dans le caractère.                 (Dub.)

### Flânerie.

Une fois qu'un homme a pris l'habitude de la flânerie, il devient incapable de s'occuper utilement à des choses sérieuses.        (Boitard.)

### Flatterie.

Quiconque flatte ses maîtres les trahit.
                                      (Massillon.)

Un homme vous flatte-t-il? Ne vous y fiez pas. Il veut vous tromper.        (Anonyme.)

La flatterie est le régal des sots. (Larousse.)

La flatterie dégrade le prince et les flatteurs.

(Littré.)

Pour un homme qui a de la tenue dans le monde, la flatterie auprès des femmes ne dépasse jamais les limites du compliment.

(Boitard.)

Avez-vous le cœur grand, le caractère noble : fuyez, fuyez à jamais la flatterie.     (Anselin.)

Celui qui n'aime point la flatterie, qui abhorre l'intrigue, qui ne recherche point les honneurs, qui méprise le bien mal acquis aura certes une existence bien malheureuse, mais celui-là jouira, en revanche, d'une paix profonde.   (Anselin.)

## Flétrissure.

C'est une flétrissure pour un homme d'avoir fui dans le combat.          (Bescherelle.)

## Fortune.

Il faut une sorte d'esprit pour faire fortune et surtout une grande fortune.          (La Bruy.)

La fortune est inconstante ; c'est pourquoi on doit toujours avoir des sujets de crainte dans la prospérité, et des motifs d'espérance dans l'adversité.          (Dict[re] des Maximes.)

Pour faire fortune, ce n'est pas de l'esprit

qu'il faut avoir ; c'est de la délicatesse qu'il faut n'avoir pas.

(***)

Si, demain, vous parvenez à la fortune, ne la laissez point vous endurcir le cœur.

(Anselin.)

### Fourberie.

La fourberie présente dans tous les siècles un caractère invariable de dégradation.

(St-Prosper.)

### Franchise.

La franchise n'a point cette marche incer-
[taine ;
Son langage naïf persuade sans peine.

(De Bièvre.)

On ne saurait trop estimer une personne franche et cordiale. (Pierre Larousse.)

La franchise est à la politesse ce que l'ingé-
nuité est à la beauté. (Dubay.)

Qu'on soit tigre si l'on veut ; mais qu'on ait la franchise de déchirer ouvertement.

(Du Tremblay.)

### Fraternité.

La fraternité est le lien des âmes. (Bastiat.)

Dieu a établi la fraternité des hommes en les faisant tous naître d'un seul. (Boss.)

La fraternité des peuples, c'est la paix.
(E. de Girardin.)

La fraternité ne peut s'établir que par la justice. (Proudh.)

Quelle que soit leur race ou leur nationalité, tous les hommes sont frères, et ils n'ont certainement rien de mieux à faire que de s'entr'aimer.

L'antihumain peut seul oser recommander le contraire. (Anselin.)

## Fripon.

Riche ou pauvre, puissant ou faible, tout citoyen oisif est un fripon. (J.-J. Rouss.)

## Froideur.

La froideur est la sauvegarde de la vertu d'une femme. (Boiste.)

## Gageure.

Un célèbre législateur indien a prétendu que dans toute gageure il y a un fou et un fripon.
(De Bligny.)

## Gain.

Il y a des âmes sales, pétries de boue et d'ordure, éprises du gain et de l'intérêt, comme les belles âmes le sont de la gloire et de la vertu.

(La Bruy.)

## Galanterie.

Un homme galant est simplement un homme bien élevé, d'un caractère poli et de mœurs sociales.

Un homme sans galanterie ne saurait être que brutal et impoli, partant point aimable.

Un homme galant n'est pas seulement affable pour les femmes, mais plein d'urbanité et de courtoisie à l'égard de ses pairs ; vis-à-vis de ses supérieurs, comme envers ses inférieurs, il est galant homme, car la galanterie est une civilité sociale. (Édouard Chantepie.)

## Gants.

Au bal, un cavalier ni une jeune fille ne doivent quitter leurs gants, et encore moins danser dégantés. (M^me Louise d'Alg.)

## Générosité.

La vraie générosité épargne à un ami l'embarras d'expliquer ses besoins. (Acad.)

Ordinairement les riches prêchent l'économie aux pauvres, et les pauvres donnent aux riches l'exemple de la générosité.          (De Nugent.)

Il n'est rien de si beau que d'être généreux.
                              (Bourdaloue.)

Qui n'est pas généreux est bien près d'être injuste.                              (Royou.)

### Génie.

Le génie ne doit servir qu'à manifester la bonté suprême de l'âme.          (M$^{me}$ de Staël.)

Le génie, c'est la patience.          (Buffon.)

### Geste.

Un geste rude et brutal ne donne pas grand poids aux paroles.                              (De Jussieu.)

### Gloire.

La gloire doit être réservée aux coopérateurs du bien public, et non seulement les talents, mais les vertus elles-mêmes n'ont droit d'y aspirer qu'à ce titre.                              (Marmontel.)

### Grandeur.

Celui-là est vraiment grand, qui a une grande charité.

Celui-là est vraiment grand, qui est petit à ses propres yeux, et pour qui les honneurs du monde ne sont qu'un pur néant.

(L'Imitation de J.-C.)

Les grandeurs endurcissent toujours.

(Montesq.)

La véritable grandeur est libre, douce, familière ; elle s'abandonne quelquefois. (La Bruy.)

Le mépris des grandeurs de ce monde est un acheminement à la perfection.  (Trév.)

Il y de la grandeur à conserver le caractère doux, bon, dans une position humble comme dans l'élévation.  (Anselin.)

L'homme n'est grand que par la pensée, noble que par les sentiments, respectable que par les vertus.  (Latena.)

## Gratification.

Dans tous les pays, les députés, les sénateurs, les juges sont, à n'en pas douter, des gens fort respectables, trop haut placés d'ailleurs pour être un seul instant vénaux...

Lorsqu'on a patriotiquement fait son devoir. on n'a assurément besoin d'aucune espèce de gratification : en recevoir est une bassesse, une indignité.  (Anselin.)

## Gravité.

L'affectation de gravité extérieure est un soupçon d'hypocrisie.          (Larochef.)

## Grossièreté.

La grossièreté des manières et des mœurs dénonce toujours la grossièreté de l'intelligence et du cœur.          (Boitard.)

La grossièreté peut être la faute d'une éducation négligée, et parfois aussi de la fréquentation de la mauvaise compagnie.          (Ouvr.)

## Goût.

Il faut avoir de l'âme pour avoir du goût.
(Vauvenargues.)

L'étude agrandit l'esprit et le fortifie; et c'est par la lecture attentive des bons auteurs qu'on obtient, avec le temps, cette chose délicate, éthérée qui se nomme le goût.          (Anselin.)

## Guerre.

La guerre civile est le règne du crime.
(P. Corneille.)

Les guerres doivent être justes; ce n'est pas

assez, il faut qu'elles soient nécessaires pour le bien public. (Fénelon.)

La guerre a tant d'horreurs, est un si grand fléau, que ceux qui la font sans urgente nécessité peuvent être appelés des scélérats.

(Boiste.)

Rappelez un moment en votre mémoire la triste idée des guerres civiles, où le soldat recueille ce que le laboureur avait semé.

(Fléchier.)

La guerre civile est un des plus grands crimes qu'on peut commettre contre la charité.

(Pascal.)

La guerre est une énorme calamité.

(J. Janin.)

## Guide.

Une fille est au mieux sous l'aile de sa mère.

(C. Delavigne.)

Une fille n'a pas de meilleur guide que sa mère. (G. Belèze.)

## Habit.

Du sage mal vêtu le grand seigneur rougit;
Et cependant l'un est homme,
L'autre n'est souvent qu'un habit.

(Lamotte.)

## Habileté.

C'est une grande habileté de savoir cacher son habileté. (La Rochef.)

## Habitude.

On triomphe des mauvaises habitudes, plus aisément aujourd'hui que demain.

(Confucius.)

Il est dangereux de se faire des habitudes, elles deviennent des sujétions. (Littré.)

## Haine.

La haine et les persécutions des méchants honorent l'honnête homme. (Boiste.)

Qui que vous soyez, si vous voulez pour toujours vous compter au nombre des personnalités hautes, bienveillantes et raisonnables, il ne faut pas donner entrée dans votre cœur à ce sentiment amer, méprisable et bas qu'on nomme la haine, car elle défigure le corps, elle tue l'âme.

(Anselin.)

Haïssez, tuez, conseille le faux patriote; mais le philanthrope, qui ne voit que des frères, dit : aimez, pardonnez. (Anselin.)

La haine des hommes ne se voit ordinairement

que chez les sujets médiocres, jaloux et envieux.

(Anselin.)

## Héros.

Le vrai héros est celui qui a le plus de courage contre lui-même.

(Boiste.)

Loin de nous les héros sans humanité.

(Bossuet.)

## Heure.

Tous les plaisirs de la société seraient troublés si chacun ne venait pas à peu près à l'heure : il faut donc une certaine ponctualité, même pour s'amuser.

(St-Prosper.)

Arrivez à l'heure et gardez-vous d'être en défaut.

(P. Larousse.)

## Heureux.

Sois sûr que l'homme qui fait des heureux ne saurait être lui-même malheureux.

(Helvét.)

## Histoire.

L'histoire veut surtout qu'on ne dissimule rien, et qu'une partie du tableau ne soit pas plongée dans l'ombre, tandis que l'autre reçoit presque exclusivement la lumière.  (Châteaub.)

La principale fonction de l'histoire, à mon avis, c'est de mettre en évidence les actions vertueuses et d'inspirer la crainte de l'infamie qui, dans la postérité, s'attache aux paroles et aux actions coupables.                                    (Tacite.)

Gardons-nous de faire de l'histoire une divinité sans entrailles, comme le Fatum des anciens, et ne lui enlevons pas la sympathie pour les vaincus, pour les proscrits, pour tous les opprimés.                          (H. Martin.)

L'histoire des malheurs des peuples n'est autre chose que celle des sottises ou des crimes de leurs chefs.                          (Boiste.)

L'histoire doit entrer en première ligne dans l'éducation.                (M<sup>me</sup> Monmarson.)

Il faut que l'histoire se complaise à peindre plus qu'à analyser.                (De Barante.)

## Homme.

Un homme en vaut un autre, à moins que par
                                        [malheur,
L'un d'eux n'ait corrompu son esprit et son
                                        [cœur.
                          (Destouches.)
Tout l'homme est dans le cœur.     (Boiste.)

Les hommes sont comme les statues : il faut les voir en place. (La Rochef.)

Le meilleur des hommes est celui qui fait du bien aux hommes. (Maxime des Orientaux.)

L'homme doux, officieux, affable, est toujours sûr d'être aimé de ceux qui le connaissent.

(B. Pautex.)

Dans un méchant homme il n'y a pas de quoi faire un grand homme. (La Bruy.)


## Homme de bien.

L'homme de bien tire de bonnes choses du bon trésor de son cœur; mais le méchant tire de mauvaises choses du mauvais trésor de son cœur.

(Évangile.)

Le véritable homme de bien est celui qui pratique la loi de justice, d'amour et de charité dans sa plus grande pureté. S'il interroge sa conscience sur ses propres actes, il se demande s'il n'a point violé cette loi; s'il n'a point fait de mal; s'il a fait tout le bien qu'il a pu; s'il a négligé volontairement une occasion d'être utile; si nul n'a à se plaindre de lui; enfin s'il a fait à autrui tout ce qu'il eût voulu qu'on fît pour lui.

Il a foi en Dieu, en sa bonté, en sa justice et en sa sagesse; il sait que rien n'arrive sans sa permission, et il se soumet en toutes choses à sa volonté.

Il a foi en l'avenir; c'est pourquoi il place les biens spirituels au-dessus des biens temporels.

Il sait que toutes les vicissitudes de la vie, toutes les douleurs, toutes les déceptions sont des épreuves ou des expiations, et il les accepte sans murmures.

L'homme pénétré du sentiment de charité et d'amour du prochain fait le bien pour le bien, sans espoir de retour, rend le bien pour le mal, prend la défense du faible contre le fort, et sacrifie toujours son intérêt à la justice.

Il trouve sa satisfaction dans les bienfaits qu'il répand, dans les services qu'il rend, dans les heureux qu'il fait, dans les larmes qu'il tarit, dans les consolations qu'il donne aux affligés. Son premier mouvement est de penser aux autres avant de penser à lui, de chercher l'intérêt des autres avant le sien propre. L'égoïste, au contraire, calcule les profits et les pertes de toute action généreuse.

Il est bon, humain et bienveillant pour tout le monde, sans acception de races ni de croyances, par ce qu'il voit des frères dans tous les hommes.

Il respecte en autrui toutes les convictions sincères, et ne jette point l'anathème à tous ceux qui ne pensent pas comme lui.

En toutes circonstances, la charité est son guide ; il se dit que celui qui porte préjudice à autrui par des paroles malveillantes, qui froisse la susceptibilité de quelqu'un par son orgueil et son dédain, qui ne recule pas à l'idée de causer une peine, une contrariété, même légère, quand il peut l'éviter, manque au devoir de l'amour du prochain, il ne mérite pas la clémence du Seigneur.

Il n'a ni haine, ni rancune, ni désir de vengeance ; à l'exemple de Jésus il pardonne et oublie les offenses, et ne se souvient que des bienfaits ; car il sait qu'il lui sera pardonné comme il aura pardonné lui-même.

Il est indulgent pour les faiblesses d'autrui, parce qu'il sait qu'il a lui-même besoin d'indulgence, et se rappelle cette parole du Christ: Que celui qui est sans péché lui jette la première pierre.

Il ne se complaît point à rechercher les défauts d'autrui ni à les mettre en évidence. Si la nécessité l'y oblige, il cherche toujours le bien qui peut atténuer le mal.

Il étudie ses propres imperfections, et travaille sans cesse à les combattre. Tous ses efforts tendent à pouvoir se dire le lendemain qu'il y a en lui quelque chose de mieux que la veille.

Il ne cherche à faire valoir ni son esprit, ni ses talents aux dépens d'autrui ; il saisit, au contraire, toutes les occasions de faire ressortir ce qui est à l'avantage des autres.

Il ne tire aucune vanité ni de sa fortune, ni de ses avantages personnels, parce qu'il sait que tout ce qui lui a été donné peut lui être retiré.

Il use mais n'abuse point des biens qui lui sont accordés, parce qu'il sait que c'est un dépôt dont il devra compte, et que l'exemple le plus préjudiciable qu'il en puisse faire pour lui-même, c'est de les faire servir à la satisfaction de ses passions.

Si l'ordre social a placé des hommes sous sa dépendance, il les traite avec bonté et bienveillance, parce que ce sont ses égaux devant Dieu ; il use de son autorité pour relever leur moral, et non pour les écraser de son orgueil ; il évite tout ce qui pourrait rendre leur position subalterne plus pénible.

Le subordonné, de son côté, comprend les devoirs de sa position, et se fait scrupule de les remplir consciencieusement.

L'homme de bien, enfin, respecte dans ses semblables tous les droits que donnent les lois de la nature, comme il voudrait qu'on les respectât envers lui.

Là n'est pas l'énumération de toutes les qualités qui distinguent l'homme de bien, mais quiconque s'efforce de posséder celles-ci est sur la voie qui conduit à toutes les autres.

(A. Cardec.)

Quand, progressant, vous serez un être bon, juste, charitable ; quand, par l'austérité de vos mœurs, vous aurez encore acquis bien d'autres grandes vertus qui font que vous serez un véritable homme de bien, que la présomption cependant ne vous porte pas à vous croire supérieur au reste des hommes : pensez que la pureté est presque inaccessible, que la faiblesse est inhérente à l'humanité, que Dieu est le juge par excellence et que seul enfin il voit de tous les temps les détours du cœur. (Anselin.)

Soyez poète, artiste, littérateur, tout ce que vous voudrez ; mais avant tout et surtout il faut être un homme de bien. (Anselin.)

## Homme d'esprit.

On n'est pas homme d'esprit pour avoir beaucoup d'idées, comme on n'est pas un bon général pour avoir beaucoup de soldats. (Chamfort.)

## Hommes d'État.

Le moyen le plus sûr de discerner et de bien choisir les hommes d'État, c'est de repousser tous ceux qui s'avancent et d'avancer tous ceux qui se retirent. (Manuel.)

A toutes les connaissances, il faut que l'homme d'État ajoute les connaissances plus vulgaires, mais non moins nécessaires, de l'administrateur.

(Thiers.)

## Homme d'honneur.

Par sa modestie, sa retenue ordinaire, l'homme d'honneur sait ponctuellement écarter l'occasion de s'engager dans une mauvaise action. Il est absolument le contraire de l'ambitieux qui n'ani société, ni patrie, et qui ne considère en toutes choses que son avancement, son intérêt personnel. (Anselin.)

## Humanité.

Il n'y a ni vertu, ni vrai courage, ni gloire solide sans l'humanité. (Fénelon.)

## Humeur.

Si vous avez une tendance à la mauvaise humeur

à la contradiction et à l'obstination, faites tous vos efforts pour vous en corriger, ou vous vous ferez détester partout. (Boitard.)

### Honnêteté.

L'honnêteté est toujours la meilleure politique ; c'est une maxime que je tiens pour également applicable aux affaires des nations et à celles des individus. (Washington.)

L'honnêteté a deux soutiens, l'horreur du vice et l'amour de la vertu. (J. Simon.)

C'est blesser les règles de l'honnêteté, de tenir des propos libres devant des personnes auxquelles on doit du respect. (Laveaux.)

L'honnêteté des manières sans l'honnêteté des mœurs n'est qu'une honnête hypocrisie.

(Boiste.)

On est toujours estimé quand on est honnête homme. (Dictionnaire de Morale.)

Il faut prendre la ferme résolution de faire le bien, de rester toujours honnête homme, dussiez-vous en souffrir, dussiez-vous être pauvre tout le temps de votre vie. (Anselin.)

### Honneur.

L'honneur est comme une pierre précieuse,

la tache la plus légère en ternit l'éclat, et lui ôte presque tout son prix. (Beauchêne.)

Toute personne d'honneur choisit plutôt de perdre son honneur que de perdre sa conscience. (Montaigne.)

L'honneur est la nourriture des âmes bien nées. (Patru.)

N'allons point aux honneurs par de honteuses brigues. (Boileau.)

Gardez-vous de confondre le nom sacré de l'honneur avec ce préjugé féroce qui met toutes les vertus à la pointe d'une épée, et n'est propre qu'à faire de braves scélérats. (J.-J. Rouss.)

N'accordez jamais les honneurs à ceux qui n'ont pas d'honneur. (La Baumont.)

### Honte.

Nul n'estime le fils qui rougit de son père. (Tert. Guilbaud.)

La honte suit les mauvaises actions. (Bescherelle.)

### Humilité.

Ceux qui sont véritablement humbles ne s'offensent point des mépris d'autrui. (X.)

Il n'y a pas d'humiliation pour l'humilité

(X.)

Soyez d'autant plus humble que vous êtes grand. (Bible.)

Pour être humble, il suffit de ne pas s'accorder plus de mérite qu'on n'en possède.

(S. de Sacy.)

## Hygiène, dîner, etc.

La propreté sur soi est comme une seconde pudeur. (M<sup>me</sup> Necker.)

Une femme doit être toujours resplendissante de propreté. (M<sup>me</sup> Monmarson.)

La propreté, cette qualité indispensable à la femme, la porte non seulement à soigner sa personne et sa mise, mais à veiller aussi sur celle de son mari et de ses enfants. La propreté assure l'ordre et le bien-être dans la maison ; elle entretient, répare tout et règle convenablement ce qui tient à l'extérieur. Malheur à la femme malpropre, car elle est un sujet de dégoût et d'éloignement. (A. Debay.)

La sobriété est utile à la santé.

(Bescherelle).

La sobriété est un préservatif contre les maladies. (G. Belèze.)

Le défaut d'exercice est fatal aux enfants.

(Balzac.)

L'esprit devient paralytique comme le corps, faute d'exercice. (M^me Necker.)

La natation est un exercice favorable aux jeunes gens, parce qu'elle augmente la vigueur de leurs organes, et qu'elle rend le corps tout entier plus robuste. (Virey.)

Je ne m'arrêterai pas à prouver l'utilité des travaux manuels et des exercices du corps pour renforcer le tempérament et la santé.

(J.-J. Rouss.)

L'usage prolongé des acides même très étendus d'eau, serait nuisible à la santé, ils finiraient par attaquer l'émail des dents, altéreraient les digestions, détermineraient l'amaigrissement.

(*Dict. des Sc. médicales.*)

On peut juger du caractère des nations par les aliments dont elles font le plus d'usage.

(J.-J. Rouss.)

L'air des villes est toujours plus ou moins chargé d'émanations animales et végétales qui en altèrent la pureté. (L. Cruveilhier.)

Le trop grand repos nuit à la santé.

(Acad.)

Tout ce qui se mange avec plaisir se digère avec facilité. (B. de St-Pierre.)

Reposez-vous une demi-heure après chaque repas. (Raspail.)

Manger peu et souvent, c'est bien plus profitable que de manger rarement et beaucoup à la fois. (Raspail.)

Ceux qui s'indigèrent et qui s'enivrent ne savent ni boire ni manger. (Brillat-Savarin.)

Le pain est l'aliment qui sert de base à tous les autres. (P. Larousse.)

Dis-moi ce que tu manges, je te dirai ce que tu es. (Brillat-Savarin.)

Au dessert ne mettez jamais dans votre poche, ni fruits, ni gâteaux, ni bonbons ; si vous en preniez l'habitude on finirait par vous faire manger avec des couverts en ruolz. (Boitard.)

Rien ne doit déranger l'honnête homme qui dîne. (Berch.)

Un dîner confortable doit se composer de potage, de volaille bouillie ou rôtie, froide ou chaude, de gibier, de plats rares et distingués, de poissons, de sucreries, de pâtisseries, de fruits.

(Bescherelle.)

Ne donnez jamais de dîner sans façon qu'à vos intimes amis, et encore est-ce le moyen de les congédier.

Ne donnez jamais de grands dîners de cérémonie que lorsque vous êtes assez riche pour faire grandement et honorablement les honneurs de votre table. (Boitard.)

Souvenez-vous toujours dans le cours de la vie
Qu'un dîner sans façon est une perfidie.
(Berchoux.)

Un dessert sans fromage est une belle à qui il manque un œil. (Brillat-Savarin.)

Les sucreries, les fruits secs, les pâtisseries, les confiseries, forment le dessert.
(Bescherelle.)

La douleur est la compagne nécessaire de tout excès. (Helvét.)

L'hygiène usuelle et les principales notions de la médecine domestique sont le complément de toute bonne éducation, aussi bien pour la demoiselle que pour le jeune homme. (A. Debay.)

La première chose qu'exige de nous la bienséance est la propreté. (E. Muller.)

Être sobre n'est pas une grande vertu ; mais c'est un grand défaut que de ne l'être pas.
(Christine.)

La danse, la lutte, la gymnastique sont des exercices salutaires. (Bescherelle.)

La promenade est une agréable récréation.
(Acad.)

La promenade redonne des forces pour mieux travailler. (Acad.)

Il fait bon à se lever matin pour humer l'air frais. (H. Berthoud.)

Les hommes vivent longtemps quand ils ne s'affaiblissent pas par l'usage immodéré des liqueurs. (Volt.)

Quand on vous sert du café, laissez-le refroidir dans votre tasse si vous le trouvez trop chaud, mais ne le versez dans votre soucoupe sous aucun prétexte. (Boitard.)

Tout le monde boit son café dans sa tasse et jamais dans sa soucoupe. (Berchoux.)

La débauche affaiblit le corps en dépravant le caractère. (L. Faucher.)

La débauche engendre les maladies. (Bescherelle.)

Ne forcez la nature en rien, ni dans la fatigue du corps, ni dans celle de l'esprit, ni dans les plaisirs licites. (Raspail.)

L'usage et le besoin des bains deviennent de plus en plus généraux et nécessaires à la santé publique. (Champoll.-Figeac.)

Les peuples du Nord sont persuadés que les bains froids rendent les hommes plus forts et plus robustes. (Buff.)

Les bains de mer ont des propriétés plus toniques que les bains de rivière. (A. Riou.)

Riche ou pauvre, écoutez, si vous le voulez,

cet avis salutaire, ne restez pas confiné éternellement dans les villes : quand la saison est belle,
quand vous le pouvez, sortez, allez quelquefois
dans les vertes campagnes respirer, sous de
frais ombrages, l'air embaumé des bois : vous
affermirez ainsi votre santé et prolongerez en
même temps votre existence.          (Anselin.)

Il faut nécessairement que l'on sache un peu
l'hygiène, pour se conserver en bon état de santé.
                              (Le même.)

En médecine comme en toutes choses ne vaut-
il pas mieux prévenir que guérir.
                              (Le même.)


## Hypocrisie.

L'hypocrisie est détestable devant Dieu et devant les hommes.              (Bescherelle.)

L'hypocrisie est un hommage que le vice rend
à la vertu.              (La Rochef.)


## Ignorance.

Il n'y a d'ignorants que ceux qui veulent l'être.
                              (Platon.)

On peut sans conséquence et sans honte ignorer beaucoup de choses hors de son état.
                              (Diderot.)

L'ignorance est la plus grande maladie du cœur humain.                    (Voltaire.)

Thalès disait que le véritable bonheur consistait à ne pas passer sa vie dans la mollesse et dans l'ignorance.                    (Fénel.)

Rien n'est plus indécent et plus insensé que de se décider fièrement sur ce que l'on ignore.                    (Mass.)

Le véritable instrument de la dégradation de l'homme est son ignorance.    (Lady Morgan.)


## Illégalité.

République et Monarchie, voilà, politiquement, deux sortes de gouvernements qui n'ont entre eux aucune analogie, aucune affinité, dont les ressorts diffèrent essentiellement et ne peuvent un seul instant être confondus. Cela est élémentaire.

Or, il ne saurait y avoir égalité politique dans une République démocratique où tel électeur privilégié aurait le droit, dans une élection, de voter deux fois, et un autre une fois seulement. Cette manière de faire, on le comprend, serait purement monarchique et s'appellerait illégalité, si elle venait du bureau communal, inconstitutionnalité, si d'une autorité ministérielle.

Citons, pour appuyer, ce distique de Voltaire :
La loi dans tout l'État doit être universelle :
Les mortels quels qu'ils soient sont égaux
[devant elle.
(Anselin.)

## Imitation.

Trop d'imitation éteint le génie.  (Voltaire.)

## Imperfection.

Il faut supporter les imperfections de nos amis.                              (Littré.)

## Impertinence.

Il faut, dans la conversation, éviter d'être impertinent. L'homme le plus spirituel au monde, pour ne pas être léger, pour ne pas tomber dans ce travers, doit toujours mesurer ses paroles.                              (Anselin.)

## Impolitesse et inconvenance.

Une femme ne croisera jamais ses jambes. Un homme doit aussi éviter de le faire.
(M^me Louise d'Alg.)
Quand vous vous présentez dans une maison, attendez, pour vous asseoir, qu'on vous ait offert

un siège. Et, lorsque, au bout de deux ou trois minutes, on a oublié de le faire, retirez-vous aussitôt, car vous ne devez pas essuyer plus longtemps cette lourde impolitesse.     (Le même.)

Celui qui, même en famille, se présente à table en pantoufle, sans son paletot, sans sa cravate, indique par ce fait qu'il a reçu une éducation fort négligée.          (Le même.)

A table, malgré les insistances du maître ou de la maîtresse de la maison, il est de mauvais goût de revenir deux fois aux mêmes plats.

(Le même.)

Un invité n'a pas pour devoir de prier un autre invité de chanter, de dire des vers, de porter un toast, de faire un compliment. C'est une véritable inconvenance.

Ce droit, on le conçoit, revient spécialement au maître ou à la maîtresse de la maison qui seuls en disposent, lorsqu'ils le jugent à propos.

(Le même.)

Un cavalier vraiment poli, qui a reçu une invitation et qui s'est rendu au bal, ne doit jamais oublier de danser avec la maîtresse de la maison, avec ses filles, avec ses parentes, si elle en a.

Y contrevenir est une impolitesse impardonnable, un manque complet de savoir-vivre.

(Le même.)

L'impolitesse tient surtout aux ignorances des usages du monde. (Level.)

Il est extrêmement impoli, dans un salon, de parler l'allemand, l'anglais ou toute autre langue devant des personnes qui n'entendent que le français. On peut sans peine éviter cette impolitesse. (Anselin.)

Rire à gorge déployée, c'est la marque d'une mauvaise éducation. (P. Larousse.)

Siffler dans la maison ou dans la rue, que peut-on trouver de plus bassement vulgaire ? (Anselin.)

Le savoir-vivre veut qu'en famille on observe les mêmes usages qu'entre étrangers, soit à table, dans chaque parole et dans toutes les circonstances de la vie. (M^me Louise d'Alg.)

Trop élever la voix en parlant, chez soi ou chez autrui, dénote un manque d'éducation. (Anselin.)

Si l'impolitesse est un défaut d'éducation, c'est aussi un défaut de goût. (Level.)

## Importun.

C'est le rôle d'un sot d'être importun : un homme habile sent s'il convient ou s'il ennuie ; il sait disparaître le moment qui précède celui où il serait de trop quelque part (Boitard.)

## Imprévoyance.

En politique, imprévoyance et décadence sont synonymes.                    (E. de Girardin.)

## Impuissance.

Il y a beaucoup de gens dont la facilité de parler ne vient que d'une impuissance de se taire.                    (Cyrano de Bergerac.)

## Incapacité.

En fait de gouvernement, l'incapacité est une trahison.                    (Châteaub.)

## Incendie.

Un gouvernement illibéral et barbare qui, au dernier désespoir de se maintenir au pouvoir, ne trouverait rien de mieux que d'ordonner des tueries ou l'incendie des propriétés mériterait non seulement d'être chassé, exterminé, mais signalé sur tous les journaux extérieurs à l'exécration du monde entier. On sait déjà que les Républiques modernes ne veulent plus des Caligulas, des Nérons, des Tibères, ils ont fait leur temps.                    (Anselin.)

Que l'étranger, sans pitié, saccage et brûle

un village, une ville, après s'en être emparé, cela se conçoit. Mais qu'une armée indigène, par animosité, commette elle-même ces noires atrocités, ah ! détournons la tête, c'est horrible !

(Le même.)

Dans les émeutes populaires, incendier, on l'a vu, n'a jamais ébranlé un seul instant le gouvernement qu'on prétend renverser. Incendier au contraire est la ruine partielle ou complète des particuliers. C'est un acte de franche barbarie qui n'avance en rien ; qu'on y réfléchisse !

Peuple, écoutez la voix d'un ami, et retenez bien ceci : si quelqu'un, en désespoir de cause ou par vengeance, vous ordonne de brûler les maisons d'autrui, annoncez à celui-là que, pour qu'il puisse contempler à l'aise sa noble action, le feu va directement être mis dans sa propre maison. Et s'il n'en a pas, c'est un motif pour n'en rien faire. Et s'il persiste, présentez-lui la torche et dites-lui carrément d'aller lui-même se dégrader.

(Le même.)

## Incivilité.

On met au rang des incivilités de s'accouder sur la table, de s'accouder devant ses supérieurs.

(Trév.)

## Incrédulité.

L'incrédulité est le faible des esprits faibles et bornés.                    (Mass.)

## Indépendance.

L'indépendance est la plénitude de l'être.

(Bossuet.)

## Indifférence.

La molle indifférence des parents prépare mille peines aux enfants capricieux.

(Boiste.)

## Indignité.

Écouter aux portes ou regarder par le trou de la serrure sont des indignités.          (Anselin.)

## Indiscrétion.

Souvent les gens d'esprit donnent, par leur indiscrétion, tout l'avantage aux sots.

(Boiste.)

L'homme qui se vante de ce qu'il a fait est au moins un indiscret, plus souvent un orgueilleux.

Dans tous les cas ce serait un homme dangereux si on le croyait.

Celui qui se vante de ce qu'il n'a pas fait est un sot.

S'il est question de femmes dans ses prouesses, c'est le dernier des misérables.

Défaites-vous de cette habitude, si vous ne voulez encourir le mépris des honnêtes gens.

(Boitard.)

## Indulgence.

L'indulgence est le secret d'être bien avec tout le monde.                    (M^{me} Monmarson.)

Voulez-vous une recette infaillible pour rendre supportable le laid, le mauvais et l'ennuyeux? Soyez indulgent.

L'indulgence est une des forces de la sagesse et l'une des forces de la vie.

(Henry de Lapommeraye.)

## Inflexibilité.

Lorsqu'on pousse trop loin l'inflexibilité, on devient dès lors injuste, inhumain.

(Anselin.)

## Ingratitude.

Se plaindre de l'ingratitude, c'est faire parade d'un bienfait.                    (Guichard.)

Ingratitude, fille de l'intérêt et de la vanité, est le vice d'un petit esprit. (Boiste.)

Il faut compter sur l'ingratitude des hommes et ne pas laisser de leur faire du bien. (Fénel.)

## Inhumanité.

Il y a de l'inhumanité dans la révélation inutile d'un tort ignoré. (Boiste.)

## Injure.

Une injure qu'on méprise tombe d'elle-même; si on s'en fâche, on la fait valoir. (Tacite.)

Les injures n'atteignent que ceux qui ne s'élèvent pas au-dessus d'elles. (Boiste.)

Il vaut mieux pardonner une injure que d'avoir à s'en souvenir. (L.-J. Janvier.)

## Injustice.

Une injustice qu'on voit et qu'on tait, on la commet soi-même. (J.-J. Rouss.)

Une injustice faite à un seul est une menace faite à tous. (Montesq.)

En politique, l'injustice est dangereuse pour elle-même. (Ferrand.)

## Insensibilité.

L'insensibilité à la vue des misères peut s'appeler dureté; s'il y entre du plaisir, c'est cruauté.

(Vauven.)

## Instruction.

L'instruction a pour objet principal d'enrichir les facultés intellectuelles. (Matter.)

L'instruction, pour les deux sexes, dans quelque position qu'on soit, n'est jamais trop grande, mais c'est à la condition d'être bien dirigée.

(Mme Louise d'Alg.)

Il est impossible de devenir très instruit, si on ne lit que ce qui plaît. (J. Joubert.)

Si vous avez une grande instruction, il ne faut pas en tirer vanité, car, dans toutes les branches des connaissances humaines, on peut toujours vous opposer des intelligences bien plus avancées. (Anselin.)

## Insurrection.

En République, toute insurrection est coupable.

C'est la bataille des aveugles.

C'est l'assassinat du peuple par le peuple.

En monarchie, l'insurrection c'est la légitime défense; en République, l'insurrection c'est le suicide. (V. Hugo.)

Contre un pacte subreptice, l'insurrection est le premier des droits et le plus saint des devoirs.

(Proudh.)

## Intégrité.

L'intégrité des hommes droits les conduit ; mais la perversité des perfides les détruit.

(Prov. bibl.)

## Invitation.

Lorsqu'on n'a pas reçu l'invitation de se rendre dans une réunion, y aller par sa propre volonté, c'est être hors de sa place, c'est prendre naturellement le nom d'intrus. (Anselin.)

Un homme bien élevé doit se rendre chez quelqu'un juste à l'heure indiquée par le billet d'invitation ; et c'est un manque de convenance que de se présenter plus d'un quart d'heure après. (Le même.)

Vous invite-t-on à dîner, il est de bon goût d'y aller en habit ; mais si c'est à un déjeuner, c'est la redingote qu'il faut porter.

(Le même.)

Une invitation à dîner ou à une soirée, à moins que ce ne soit un impromptu, doit toujours être faite au moins cinq jours et autant que possible huit jours à l'avance.

(M<sup>me</sup> Louise d'Alg.)

Lorsqu'on a reçu une invitation et que pour motif on est empêché de s'y rendre, il est très poli de faire ses excuses autant que possible un peu avant le bal, le dîner, la fête, afin de ne pas se faire attendre. (Anselin.)

## Ivrognerie.

Triste et affligeante dans le jeune homme, l'ivrognerie devient hideuse dans les vieillards et dans les femmes. (Comtesse de Bradi.)

L'ivrognerie est un vice grossier et brutal qui ôte la vigueur à l'esprit, et au corps une partie de ses forces (Raynal.)

Au bout de l'ivrognerie et de la fainéantise, il y a le relâchement des liens de la famille.

(E. Zola.)

Quand vous sentez que vous avez assez bu, arrêtez-vous quelles que soient les instances qu'on puisse vous faire, sans cela vous pourriez agir et parler comme un ivrogne, et l'ivrognerie est le plus crapuleux de tous les vices.

(Boitard.)

Fuyez l'âpre contagion des fous et des ivrognes. (Anselin.)

## Jalousie.

Ne soyez point jaloux du succès des autres.

(Fénelon.)

On ne jalouse que ses supérieurs.

(Duclos.)

La jalousie est un fiel qui corrompt tout le miel de notre vie. (Charron.)

Les hommes n'ont jamais besoin d'être jaloux les uns des autres. (Fénelon.)

La jalousie est un hommage maladroit que l'infériorité rend au mérite. (La Motte.)

## Jeu.

Le jeu est le passe-temps des gens oisifs.

(Bescherelle.)

Le jeu est une passion avide dont l'habitude est ruineuse. (Buffon.)

Le jeu est la porte par laquelle toutes les ignobles passions se glissent dans la société : l'avarice, l'avidité, la fraude, etc. (Boitard.)

## Joug.

Tenir un peuple sous le joug n'est plus de notre siècle. Tôt ou tard la liberté et l'égalité le brisent. (Anselin.)

## Journaliste, Journalisme.

Comptez les journaux d'un peuple, vous aurez son rang dans l'échelle de la civilisation.

(E. Laboulaye.)

Dans la profession du journalisme, il y a en abondance de nobles cœurs.          (J. Simon.)

Ce n'est pas sans fondement qu'on a nommé le journalisme le quatrième pouvoir de l'État.

(Artaud.)

Le bon journaliste n'est point chicaneur, et sa plume au surplus n'est point vénale. (Anselin.)

Le journaliste, qui est l'avant-garde du progrès, a bien le droit d'avertir, d'éclairer, de critiquer même un gouvernement, comme cela se voit dans tous les États avancés, mais, autant que possible, sans amertume et sans passion.

De son côté, le gouvernement qui est d'une grande susceptibilité, qui se montre ouvertement hostile à la critique est presque mal intentionné : il a, croyons-nous, des tendances à la monarchie. Le peuple, en ce cas, doit ouvrir l'œil pour ne pas se laisser conduire tôt ou tard dans ce sentier épineux.          (Le même.)

Le bon journaliste s'attache fermement à la vérité des faits, sans jamais y déroger.

S'il est, dans tous les temps, un patriote constant, admirable, zélé, c'est sans contredit le bon journaliste.

Travailleur infatigable, il emploie tous les jours son intelligente activité à chercher, à avertir, à signaler les plaies, les besoins d'un peuple, souvent aussi il en prévient les dangers, les malheurs à venir. Et si dans tous les cas, sa voix patriotique n'est pas toujours écoutée, c'est un malheur ! mais il trouve tout d'abord en lui-même la suprême consolation d'avoir bien fait sa tâche, et le murmure approbateur des progressistes éclairés est sa plus haute récompense.

(Le même.)

Le journaliste qui, par intérêt ou par passion, sait déguiser sciemment la vérité, ne peut plus demain parler hautement de son honnêteté, de son impartialité. Ce serait de l'impudeur.

(Le même.)

## Juge.

Un juge accessible à la corruption prostitue sa dignité. Littré.)

Lorsque le juge présume, les jugements deviennent arbitraires. (Montesquieu.)

## Jugement.

On est quelquefois un sot avec de l'esprit, on ne l'est jamais avec du jugement. (Larochef.)

Avec une organisation heureuse, on peut au bout de quelques années d'études sérieuses, avoir du talent et de l'esprit ; mais il n'en est pas de même du jugement, qui ne s'obtient, relativement, que dans un plus long espace de temps ; voilà pourquoi il n'est pas rare de voir des hommes d'esprit chez qui le jugement fait défaut.

(Anselin).

## Justice.

La justice est le premier des besoins, la première des garanties de toute association humaine. Quand elle fonctionne librement, d'après la loi, tout le monde est en sûreté, l'ordre public est affermi, tous les progrès deviennent possibles. (*Moniteur haïtien* du 30 juillet 1885.)

La justice est mère de la paix publique et de l'ordre privé. (Lacret.)

Le double poids et la double mesure sont tous deux en abomination à l'Éternel.

(Prov. bibl.)

La justice est le premier besoin des peuples, et la sauvegarde des gouvernements.

(La Bourd.)

On déshonore la justice quand on n'y joint pas la douceur, les égards et les condescendances.

(Fénelon.)

L'extrême justice est une extrême injustice.

(Prov.)

Une âme noble rend justice même à ceux qui la lui refusent. (Condorcet.)

Voulez-vous voir clair en toutes choses et conserver en votre cœur, comme un guide précieux, le sentiment de la justice : ne soyez point passionné. (Anselin.)

Pour bien exercer la justice, il faut, de tout temps, qu'elle soit mise au-dessus de toutes les haines, de toutes les rancunes.

L'amitié ou la parenté n'ont rien à y voir.

La loi et la conscience seules doivent toujours décider. (Le même.)

Un état qui veut se rendre vraiment grand ne doit jamais s'écarter des principes de la justice politique. (Le même.)

Une circonstance de la justice que l'on doit aux autres c'est de la faire promptement.

(La Bruy.)

## Lâcheté.

C'est une lâcheté
De battre un ennemi qui ne peut se défendre.

(Mairet.)

Ne point défendre ses amis absents est une lâcheté. (Bescherelle.)

## Laideur.

Dans une femme, la laideur avec un bon caractère est préférable à la beauté accompagnée d'un mauvais naturel. (Mabire.)

Que la beauté de ton âme efface la laideur de ta figure. (Le même.)

## Langues.

Laissez dire les méchantes langues et allez toujours votre train. (De Coulanges.)

Il est impossible, en ce monde, de s'affranchir des coups de langue. Il faut se conduire louablement et voilà tout. (Anselin.)

## Légèreté.

Dans les enfants la légèreté est gentillesse ; dans les hommes faits, vice honteux ; dans les vieillards, folie monstrueuse. (Juan Rufo.)

Si l'on examine le cours de la destinée humaine, on verra que la légèreté peut conduire à tout ce qu'il y a de mauvais. (M$^{me}$ de Staël.)

### Lettre (Manière d'écrire une).

Lorsque vous écrivez une *lettre* il faut avoir soin que votre écriture soit avant tout lisible, afin que votre correspondant puisse la lire couramment. La même remarque s'applique à votre signature que tout le monde doit pouvoir lire aisément, autrement c'est viser quelque peu à l'originalité.

Il est de bon goût, dans une lettre, d'éviter les renvois ; les ratures ne sont pas non plus permises.

L'adresse d'une lettre, il ne faut pas l'oublier, s'écrit aussi très lisiblement. Il n'est pas nécessaire cependant d'y répéter le mot Monsieur, qu'on écrit ordinairement en toutes lettres, car dans la correspondance, les abréviations, on le sait, sont impérativement défendues.

Dans le commerce, la date se place généralement au haut de la lettre, mais pour toute autre relation, on l'écrit d'ordinaire au bas de la signature.

Il est encore une remarque à laquelle on ne doit pas non plus déroger : c'est de laisser à gauche une marge de plus d'un doigt et à droite une marge d'un doigt à peu près. Il est bon de ne pas écrire jusqu'au bas de la page sans y laisser un blanc de trois centimètres et il est affreux d'écrire à contre-sens d'une lettre, familière ou non.

Pour commencer une lettre, on écrit Monsieur,

Madame (1), Cher Monsieur, Cher ami (2), cher papa, chère maman (3), mon cher père, ma chère mère, à quelque distance du corps de la lettre.

En général, on se sert d'une feuille entière de papier à lettre format in-quarto pour les lettres ordinaires, de l'in-octavo pour les familères et de l'in-folio pour les pétitions. Celui qui comprend qu'il doit avoir des égards pour ses semblables, et qui veut être traité de la même manière, ne se permettra jamais de leur tracer un billet sur une courte feuille de papier format in-trente-deux, c'est une mesquinerie et c'est presque une offense. C'est au moins l'in-dix-huit qu'il est d'usage d'employer.

On plie habituellement une lettre en quatre, on la met sous enveloppe, et c'est vraiment la règle (4).

Une dernière observation, et elle est très importante : Si vous écrivez à un commerçant, à un commissionnaire, à un parent, à un ami, à une connaissance même, vous pouvez, s'il est

(1) Formule respectueuse.
(2) S'il y a intimité.
(3) Jusqu'à l'âge de quinze ou seize ans.
(4) Il n'y a que parmi certaines gens de la dernière classe et dans quelques bureaux retardataires qu'on se sert encore aujourd'hui de pains à cacheter.

besoin, ajouter un post scriptum, mais à toute autre personne, il est inconvenant de le faire.

(Anselin.)

## Lettre de recommandation.

Lorsqu'on remet à un ami une lettre de recommandation, ou qu'on le charge d'une lettre quelconque, il est de bon goût qu'elle ne soit pas cachetée.  (M^me Louise d'Alg.)

## Lettres de faire part.

Les lettres de faire part d'un décès sont généralement bordées de noir, mais il n'en est pas de même de vos enveloppes et papiers à lettre, qui, quoique vous soyez en deuil, s'emploient ordinairement sans bordure : c'est l'usage.

(Anselin.)

## Liaison.

Soyez réservés dans vos liaisons de jeunesse.
(Marmontel.).
Il n'y a de liaison solide qu'entre les gens raisonnables.  (M^me du Deffand.)
Quand les liaisons sont fondées à la fois sur les penchants et sur les principes, la chaîne est indissoluble.  (M^me Necker.)

## Libéralité.

La libéralité consiste moins à donner beaucoup qu'à donner à propos.          (La Bruy.)

## Littérature.

La littérature est la connaissance des belles
lettres.                          (Marmontel.)

Le goût de la littérature est un ami de tous
les temps.                        (Mlle Clairon.)

La littérature se rattache à tout, embrasse
tout ; tout y rentre et rayonne d'elle.

(Lemercier.)

La littérature exprime exactement l'état intellectuel et moral d'une société.        (Latena.)

Les littératures  immorales  n'appartiennent
qu'aux pays sans liberté.        (E. Laboulaye.)

## Loi.

La loi doit être comme la mort, qui n'épargne
personne.                        (Montesq.)

Les lois doivent tendre à inspirer l'application, le travail, l'économie, la tempérance,
l'équité, la bienfaisance.

(L'abbé de Saint-Pierre.)

Aucune loi n'est bonne, si elle ne pose sur les lois de la nature.  (B. de Saint-Pierre.)

Partout où le pouvoir tarde à mettre les lois d'accord avec les mœurs, les peuples aspirent à rétablir cette harmonie, c'est-à-dire à renverser ce qui l'empêche de s'établir.  (Matter.)

Le dernier degré de la perversité est de faire servir les lois à l'injustice.  (Voltaire.)

Ce n'est pas le souverain, c'est la loi qui doit régner sur les peuples.  (Massillon.)

Il ne suffit pas à un souverain d'observer ponctuellement les lois de son pays, mais il faut encore, s'il est capable de gouverner, qu'il fasse aussi exécuter les lois par tous ses subalternes.

A ce compte, il est certain de voir régner dans l'État une paix aussi franche que durable.

(Anselin.)

### Lorgnement.

Il est malhonnête de lorgner les dames, même quand elles sont bien aises qu'on les lorgne.

(P. Larousse.)

### Louange.

Qu'un étranger te loue et non pas ta propre bouche ; que ce soit un autre et non pas tes lèvres.  (Prov. bibl.)

Les louanges exagérées font tort à celui qui les donne sans relever celui qui les reçoit.

(Voltaire.)

Louer les princes des vertus qu'ils n'ont pas, c'est leur dire impunément des injures.

(La Rochef.)

## Loyauté.

C'est la loyauté la première vertu d'un homme d'État. (Général Martinez Campos.)

La loyauté est le fondement le plus solide des grandes transactions sociales et des rapports internationaux. (Vieill.)

## Luxe.

Le luxe est le précurseur de la misère.

(Massillon.)

Une femme, quelques grands biens qu'elle apporte dans une maison, la ruine bientôt si elle y introduit le luxe. (Fénelon.)

## Machiavélisme.

Le machiavélisme n'a jamais fait ni des grands hommes, ni des hommes heureux.

(Frédéric II.)

## Magistrature.

Toute personne qui se destine à la magistrature doit avoir quelque instruction, doit être au
surplus honnête et probe, pour être digne d'y
entrer.                                    (Anselin.)

D'un magistrat ignorant
C'est la robe qu'on salue.

                                    (La Font.)

La magistrature est une espèce de sacerdoce
qu'on ne saurait environner de trop de respect.

                                    (Dupin.)


## Mal.

Aider au mal, c'est autant que le faire.

                                    (Lamotte.)

En dehors du bien, tout est mal.

                                    (Lacordaire.)

Celui qui fait le mal hait la lumière.

                                    (Boss.)

Il ne faut faire de mal à personne.

                                    (Larousse.)

La bouche qui dit du mal décèle un mauvais
cœur.                              (Prov. lat.)

L'honnête homme ne doit croire au mal que
lorsqu'il en a la certitude, et dans ce cas, loin
de le divulguer, il doit le cacher.    (Boitard.)

## Maladie.

Il est à présumer que la plupart du temps la maladie est la conséquence de nos imprudences, de nos excès et de nos vices.          (Anselin.)

## Malheur.

Il n'y a pour l'homme qu'un vrai malheur, qui est de se trouver en faute et d'avoir quelque chose à se reprocher.          (La Bruy.)

Les vrais malheurs sont, ceux qu'on a pu mériter.          (Desmaris.)

## Malheureux, malheur, misère.

L'avantage qu'il y a d'être malheureux, c'est qu'on sait compatir aux maux d'autrui.
          (Fénel.)

On doit du malheureux respecter la misère.
          (Crébillon.)

Le sage ne se laisse point abattre par le malheur.          (Littré.)

Entretenir la misère, c'est être complice de tout le mal moral qu'elle enfante.    (J. Droz.)

Il faut toujours, quand on est malheureux, regarder au-dessous de soi, on voit qu'il en est

do plus misérables et on s'estime encore bien
partagé.                          (Georges Ohnet.)

## Malhonnêteté.

Il est malhonnête, pendant une conversation
générale, de tirer à part une personne pour lui
parler en particulier.                    (Boitard.)

Il faut être bien malhonnête homme pour
abuser de la femme de son ami.       (Trévoux.)

Les hommes si ombrageux et si prompts à
provoquer les autres sont pour la plupart de
malhonnêtes gens.                         (Fénel.)

## Malignité.

Le monde est plein de malignité. Il faut donc
se résigner à y vivre ou à le fuir.     (Anselin.)

Dans un salon ou en privé, si vous ne voulez
passer pour un grand imbécile, ne dites jamais,
ayant un différend avec quelqu'un : « C'est
parce que je suis de telle couleur, voilà pourquoi
vous m'avez dit cela, vous m'avez fait cela. »

Cette phrase d'une stupidité intolérable, met
une fois de plus en relief votre infériorité native.
Pensez donc quelquefois à ces vers de Racine :

Un cœur noble ne peut soupçonner en autrui
    La bassesse et la malice
    Qu'il ne sent point en lui.   (Anselin.)

## Manières.

Les manières polies et engageantes sont de perpétuelles lettres de recommandation pour ceux qui les ont.          (Isabelle de Castille.)

## Mariage.

Beaucoup de jeunes filles se figurent que le mariage leur apportera une plus grande liberté, de plus riches atours, un compagnon disposé à subir leurs caprices ; mais la réalité vient dissiper le charme et faire disparaître l'illusion.

(M^me Louise d'Alg.)

Le mariage est la base de toute société et la sauvegarde des bonnes mœurs ; il rend l'homme et la femme plus vertueux et les empêche de se livrer aux vices, aux déportements. L'homme marié sur le point de commettre une mauvaise action est souvent arrêté par sa femme. Le père de famille, sur le point de s'égarer, rentre dans le droit chemin en regardant ses chers enfants. Le père de famille réprime ses mauvais penchants ; il ne veut pas rougir devant ses enfants et leur laisser l'opprobre en héritage.

(A. Debay.)

Avant de te marier regardes-y à deux fois.

(Prov. espagnol.)

10

Le mariage donne à l'homme une compagne et à la femme un appui. (A. Martin.)

## Mauvais traitement.

Celui qui maltraite les animaux et qui vous dit qu'il a bon cœur, ne le croyez pas, il n'est à la fois qu'un méchant et un hypocrite, et tel il traite aujourd'hui les bêtes, ainsi plus tard, à l'occasion, il traitera les hommes. (Anselin.)

Il est des gens ici-bas qui mettent leur bonheur à maltraiter leurs semblables, ne pensant pas qu'il peut arriver un jour où les maltraités pourront sans scrupule leur rendre la pareille. Or, voulez-vous pour le présent et l'avenir être sans crainte et sans reproche ; voulez-vous en un mot avoir en ce monde la plus parfaite tranquillité d'esprit, le plus doux repos du cœur : soyez animé de généreux sentiments, puis, faites le bien, le bien, rien que le bien.

(Le même.)

## Méchanceté.

Un méchant est l'ennemi de chacun, et l'ennemi de chacun est l'ennemi de tous.

(Lamennais.)

Le méchant fuit sans être poursuivi ; mais le

juste est hardi comme un lion, et ne craint rien.

(Salomon.)

Il faut faire aux méchants guerre continuelle.

(La Font.)

Un homme méchant ou plein de vices, quelque bienveillance affectueuse, quelque aménité affectée qu'il mette dans ses relations ne saurait avoir qu'un visage vulgaire et repoussant.

(Anselin.)

Lorsqu'un être intelligent et instruit est méchant, il est dès lors sans mérite intrinsèque.

Il est au-dessous de la brute stupide.

Il est ombre au lieu d'être lumière.

(Le même.)

La méchanceté suppose un goût à faire du mal ; la malignité une méchanceté cachée ; la noirceur une méchanceté profonde.

(Vauven.)

Les méchants sont des hommes malheureusement organisés.  (Ch. Nodier.)

La méchanceté se trouve plus souvent avec la sottise qu'avec l'esprit.  (Diderot.)

### Médiocrité.

Rien ne prouve la médiocrité que les petits mystères à l'oreille, les conversations dans une embrasure de fenêtre, les nouvelles de gazettes qu'on donne pour des lettres qu'on a reçues, la discrétion sur les petites choses, la petite finesse et les cachotteries.          (P. de Ligne.)

Il y a de certaines choses dont la médiocrité est insupportable : la poésie, la musique, la peinture, le discours public.          (La Bruy.)

Une des plus grandes preuves de médiocrité, c'est de ne pas savoir reconnaître la supériorité où elle se trouve réellement.

(J.-B. Say.)

### Médisance.

Ceux de qui la conduite offre le plus à rire
Sont toujours sur autrui les premiers à médire.
(Mol.)

On ne doit jamais mal parler de qui que ce soit.          (Girault-Duvivier.)

Un coup de langue est quelquefois plus dangereux qu'un coup d'épée.          (Boitard.)

Hélas ! nous croyons et nous disons plus facilement des autres le mal que le bien, tant nous sommes faibles !

Mais les parfaits n'ajoutent pas foi aisément à tout ce qu'ils entendent, parce qu'ils connaissent l'infirmité de l'homme, enclin au mal et léger dans ses paroles.

C'est une grande sagesse que de ne point agir avec précipitation, et de ne pas s'attacher obstinément à son propre sens.

Il est encore de la sagesse de ne pas croire distinctement tout ce que les hommes disent, et ce qu'on a entendu ou cru, de ne point aller aussitôt le rapporter aux autres.

(L'Imitation de J.-C.)

C'est un méchant métier que celui de médire.

(Boil.)

Il ne faut ni méfaire ni médire.       (Littré.)

Il y a des gens pour qui médire d'autrui est un besoin, une nécessité, une loi. — Celui qui se plaît à ce vilain défaut ne saurait, en aucun pays du monde, appartenir à la bonne société. Il faut d'ailleurs aimer et respecter sa fréquentation et n'en point dire du mal, et c'est là, n'en doutez pas, la vraie civilité.       (Anselin.)

Laissez parler les médisants, ils se montrent et se font connaître.       (Boiste.)

Contre la médisance il n'est point de rempart ;
A tous les sots caquets n'ayons donc nul
[égard.
(Molière.)

Médire de ceux dont on a besoin est au moins impolitique.       (Larousse.)

## Mensonge.

Un menteur est l'ennemi de sa réputation.

(Beauchêne.)

Vous n'accuserez point votre prochain en employant le mensonge. (Décalogue.)

Même en matière d'éducation, il n'y a point d'utiles mensonges. (Ed. About.)

Le mensonge peut être regardé comme le marche-pied de tous les vices. (S. Dub.)

Le mensonge est le plus bas de tous les vices.

(Guérard.)

Voiler une faute sous un mensonge, c'est remplacer une tache par un trou. (Petit Lenn.)

Le mensonge est le secours des enfants, des sots et des méchants. (Bescherelle.)

## Mépris.

Mes enfants, ne méprisez jamais personne ; regardez celui qui est au-dessus de vous comme votre père ; votre égal comme votre frère ; et votre inférieur comme votre fils. (Ali.)

## Mérite.

Le mérite consiste à bien penser, à bien parler, à bien agir. (La reine Christine.)

Le mérite a toujours des charmes éclatants.

(Corneille.)

L'envie ne pouvant s'élever jusqu'au mérite, pour s'égaler à lui tâche de le rabaisser.   (Boileau.)

Rien n'est si utile que la réputation, et rien ne donne la réputation comme le mérite.

(Vauven.)

Les manières polies donnent cours au mérite et le rendent agréable.          (La Bruy.)

En accueillant les gens selon leur mérite et non selon leur fortune, on fait preuve d'honnêteté.          (Bescherelle.)

## Mésalliance.

La pire de toutes les mésalliances est celle du cœur.          (Chamfort.)

## Mieux-faisant.

Ce n'est pas du mieux-disant que nous avons besoin, c'est du mieux-faisant.          (Littré.)

Aux personnes bienveillantes il est naturel de préférer les personnes mieux-faisantes.

(P. Larousse.)

## Minauderie.

La femme qui minaude court à sa perte, si elle n'est déjà perdue.          (Boiste.)

## Mine.

Garde-toi tant que tu vivras ;
De juger les gens sur la mine.

(La Fontaine.)

## Mode.

Un philosophe se laisse habiller par son tailleur, et il y a autant de ridicule à fuir la mode qu'à l'affecter.

(La Bruy.)

## Modestie.

Il n'y a de vraie modestie que dans les fortes têtes et les grandes âmes.

(Boiste.)

La modestie n'empêche pas un homme de sentir son mérite.

(Duclos.)

La modestie est le plus b 1 ornement d'une fille.

(Bescherelle.)

Rien ne sied mieux aux femmes que la modestie dans leur mise et leurs paroles. La vraie modestie épure, ennoblit la personne et porte au bien sans ostentation. La femme bien élevée ne se prévaut jamais de sa naissance, de ses titres ni de ses qualités physiques ou morales. Elle est affectueuse, prévenante et d'une humeur toujours égale. La modestie est une qualité qui couvre bien des défauts ; la timidité qui l'accompagne est un des plus beaux ornements du sexe féminin. (A. Debay.)

La modestie affectée est plus insupportable que la vanité. (Bignicourt.)

## Mœurs.

Les bonnes mœurs produisent la santé. (Fénel.)

Les mœurs des grands forment les mœurs publiques. (Massillon.)

La culture des lettres adoucit, polit les mœurs. (Bescherelle.)

Les mœurs forment la seule puissance résistante et durable chez un peuple. (De Tocqueville.)

Il ne peut y avoir de mœurs partout ou c'est l'argent, et non le talent, qui conduit aux grandes places. (Dumarsais.)

Tâchez de vous accoutumer aux mœurs et aux manières de ceux avec qui vous avez à vivre. (M^me de Sév.)

## Monde.

Quand on veut vivre dans le monde, il ne faut pas y apporter un esprit farouche, singulier, intraitable. (Massillon.)

Dans l'autre monde, il faudra rendre compte de ce que nous aurons fait dans celui-ci.    (Acad.)

La connaissance du monde et de ses exigences fait partie d'une bonne éducation.

(Comtesse de Bradi.)

Aimez vos frères qui sont dans le monde, aimez-les jusqu'à la fin.    (Lamennais.)

Il vient un temps où il ne faut plus se prodiguer au monde.    (Volt.)


## Moquerie.

La moquerie est une arme offensive qu'on ne voit jamais dans les mains d'un homme bien né, délicat et poli.    (S. Dub.)

La moquerie ridiculise les opinions les plus consolantes, les sentiments les plus tendres.

(Boiste.)

La moquerie est souvent indigence d'esprit.

(La Bruy.)

Les gens moqueurs ne savent rien approfondir ; ils sont toujours superficiels.    (Genlis.)

Rire des gens d'esprit, c'est le privilège des sots ; ils sont dans le monde ce que les fous sont à la cour, je veux dire sans conséquence.

(La Bruy.)

Avoir toujours à la bouche une moquerie, une

raillerie, une plaisanterie amère, c'est la preuve évidente d'une mauvaise éducation du cœur.

(Anselin.)

## Morale.

La religion et la morale sont les appuis nécessaires de la prospérité des États ; en vain prétendrait-il au patriotisme celui qui voudrait renverser ces deux colonnes de l'édifice social.

(Washington.)

La morale enseigne à modérer les passions, à cultiver les vertus et à réprimer les vices.

(La Rochef.)

La morale a le privilège de réunir en un même sentiment tous les esprits honnêtes.

(Renan.)

Un peuple qui fait fi de la morale ne grandira jamais. Une lourde somnolence, si je peux ainsi m'exprimer, s'oppose visiblement à sa marche ascendante. Il n'y aura pas d'unification, et, quoi qu'il fasse, il sera toujours déchiré par les luttes stériles et les divisions intestines.

(Anselin.)

## Mort.

Chaque instant de la vie est un pas vers la mort.

(C. Delavigne.)

Si vous aviez une bonne conscience vous craindriez peu la mort.   (L'Imitation de J.-C.)

La mort n'est point une punition, elle est une loi de la nature.                 (A. Martin.)

Apprends à bien vivre et tu sauras bien mourir.                          (Confucius.)

Ne péchez pas, vous aurez moins de chagrin à l'heure de votre mort.   (Max. des Orientaux.)

Dieu nous a caché le moment de notre mort pour nous obliger d'avoir attention à tous les moments de notre vie.                 (Laveaux.)

## Mot inconnu.

Demander à quelqu'un l'explication d'un mot que nous ne connaissons pas indique assez clairement notre ignorance. Le mieux, en ce cas, est de le retenir et le chercher bientôt après dans notre dictionnaire qui, cela va sans dire, est bien obligé de nous satisfaire.   (Anselin.)

## Monstruosité.

Celui qui, par esprit de méchanceté, se plaît à semer des propos tendant à salir l'honneur et la réputation d'une demoiselle ou d'un jeune homme est un monstre.                 (Anselin.)

## Musique.

La musique crée un langage dont les plus ignorants et les plus pauvres sentent toute la puissance et toute la douceur. (E. Montégat.)

De tous les beaux-arts, la musique est celui qui agit le plus immédiatement sur l'âme.

(M^{me} de Staël.)

La musique double l'idée que nous avons des facultés de notre âme, quand on l'entend, on se sent capable des plus nobles efforts.

(La même.)

La musique se marie à l'immortelle poésie.

(Defauconpret.)

Sans crainte d'être démenti, on peut dire que la musique est le complément nécessaire de toute bonne éducation chez les deux sexes.

(Anselin.)

## Naissance.

La naissance n'est rien où la vertu n'est pas.

(Th. Corneille.)

Soyons hommes, c'est-à-dire libres, apprenons à mépriser les préjugés de la naissance et des richesses. (Châteaub.)

Qui naquit dans la pourpre en est rarement digne. (Voltaire )

## Négligence.

De la négligence à l'égard des plus petites choses, l'on va promptement dans les grandes.

(Bonod.)

## Noblesse.

Il n'est point de noblesse où manque la vertu.

(Crébillon.)

Il y a autant de noblesse à obliger sans promesse que de bassesse à promettre sans obliger.

(Beauch.)

Celui-là seul est noble qui pense et agit noblement.

(H. Heine.)

## Noce.

Les noces sont la ruine du pauvre et le triomphe de la vanité chez le riche. (Boitard.)

Noce d'argent. Fête que l'on célèbre à l'occasion du vingt-cinquième anniversaire du mariage.

(P. Larousse.)

Les invités à la noce ne doivent jamais s'apercevoir du départ de la mariée lorsqu'elle se retire.

(Boitard.)

Aller aux noces avec la cravate noire, aux funérailles avec la blanche dénote une ignorance

absolue des lois de l'étiquette : c'est tout juste
le contraire qu'il faut porter dans ces circonstances.                                   (Anselin.)

## Nom.

Rien de mieux, j'en conviens, qu'un beau nom
bien porté.                            (Delavigne.)

Les grands noms abaissent au lieu d'élever
ceux qui ne les savent pas soutenir.

                                      (Larochef.)

## Obéissance.

Il faut accoutumer les enfants à l'obéissance,
au travail, à la sobriété.              (Fénel.)

L'enfant doit à ses père et mère une obéissance
passive. Il ne peut raisonnablement s'affranchir
de ce devoir filial qu'après avoir atteint sa ma-
jorité. En ce cas même il peut encore, comptant
sur leur vieille expérience, les consulter et accepter toujours leurs généreux conseils.

                                      (Anselin.)

Une éducation austère prépare les deux sexes
à une obéissance aveugle aux lois de la société.

                                    (Malte-Brun.)

## Obligeance.

Qui oblige vite, oblige deux fois. (Voltaire.)

Ne portez pas votre obligeance pour l'étranger usqu'à le préférer à vos compatriotes.

(Boiste.)

## Occupation.

Des occupations constantes et sérieuses éloignent de l'homme beaucoup de maux.

(Raphaël.)

La plus sotte occupation est celle de s'adorer dans un miroir. (Boiste.)

## Offense.

Ce n'est point assez de pardonner les offenses, il faut aussi les oublier. (M<sup>me</sup> de Staël.)

Quand on me fait une offense, je tâche d'élever mon âme si haut que l'offense ne parvienne pas jusqu'à elle. (Desc.)

La sensibilité pour la moindre offense prouve que l'on sent toute son imperfection, toute sa faiblesse. (Mirab.)

On n'ose plus offenser ceux qui pardonnent toujours. (A. d'Houdetot.)

## Oisiveté.

L'oisiveté enrouille l'esprit. (Littré.)

Ceux qui aiment à s'instruire ne sont jamais oisifs. (Montesquieu.)

L'oisiveté et l'indocilité sont les deux défauts les plus dangereux, et dont on guérit le moins, quand on les a contractés. (J.-J. Rouss.)

L'oisiveté est la source de la plupart des désordres qui ébranlent les États. (Ségur.)

L'oisiveté, le far-niente, c'est l'anéantissement, c'est la mort. (Dupanloup.)

## Opiniâtreté.

L'opiniâtreté est une qualité de bêtes, de sots et d'enfants. (Oxlenst.)

La petitesse de l'esprit, l'ignorance et la présomption, font l'opiniâtreté. (La Rochef.)

## Opinion.

On ne doit combattre l'opinion que par le raisonnement. On ne tire pas des coups de fusil aux idées. (Rivarol.)

Il n'y a rien de si injuste que de s'irriter contre ceux qui ne sont pas de notre opinion.
(Le Spectateur.)

Presque toutes les opinions humaines sont des passions. (Dussault.)

Il est permis d'avoir mauvaise opinion de celui qui n'a bonne opinion de personne.

(Duclos.)

Il est souverainement déraisonnable de s'accorder le droit d'avoir dans l'État une opinion politique, et de refuser despotiquement ce même droit à un autre. C'est tout simplement absurde.

En République surtout, la raison, la légalité veut que chaque citoyen, — en temps opportun — aime, prône se dévoue à Pierre ou Paul, selon son patriotisme ou ses intérêts, sans que nul d'ailleurs ne songe à lui en faire un crime. S'il devait en être autrement, le mot de parti serait dès lors rayé de la langue, et il n'y aurait dans ce malheureux pays où se produirait cette action irréfléchie, que moutons de Panurge, automates et imitateurs, et non des citoyens conscients, libres, indépendants. (Anselin.)

## Orateur.

Tout historien, tout orateur qui n'est pas poète dans une certaine mesure n'est pas suffisamment historien ou orateur. (Géruzez.)

« Un bon orateur, dit Pautex, doit avoir une élocution belle et facile, une diction correcte, un langage élégant, exempt d'emphase et de redondances. »

En général, lorsqu'on ne réunit point ces conditions esthétiques qui font le bel orateur ; lorsqu'on ne sait point parler d'abondance ; lorsque, en un mot, on n'a pas le gracieux talent de se faire écouter, ne vaut-il donc pas mieux se taire que de parler médiocrement en public ? Le silence en effet est toujours très éloquent, on n'y perd d'ailleurs jamais rien, et tout méchant orateur ne doit point l'oublier, ce semble.

(Anselin.)

## Ordre.

Ordre, travail, liberté, trois principales choses qu'on doit voir en action dans toute République, jeune ou vieille, qui veut grandir et prospérer.

(Anselin.)

L'amour de l'ordre est la source de toutes les vertus.

(Fénelon.)

## Orgueil.

L'orgueil de l'homme l'abaisse, mais celui qui est humble d'esprit obtient la gloire.

(Prov. bibl.)

L'orgueil se tourne aisément en cruauté.

(Bossuet.)

On dit avec raison que l'ignorant pèse à la terre et l'orgueilleux la fait frémir.

(Bernier.)

Ne souffrez jamais que l'orgueil domine dans vos pensées ou dans vos actions, car c'est par l'orgueil que tous les maux ont pris naissance.

(Écriture Sainte.)

## Originalité.

Qu'est-ce que l'originalité ? Une prétention.

(X.)

La marque presque infaillible d'un génie étroit est de viser à l'originalité.

(Saint-Simon.)

## Orphelin.

Le véritable orphelin n'est pas celui qui a perdu ses parents, c'est celui qui n'a ni science, ni éducation. (Brinvilliers.)

## Ostentation.

Dire partout, hautement, publiquement, qu'on aime son pays, sa race n'est qu'une dissimulation, un semblant, une feinte. Personne n'est obligé de croire en votre déclaration.

— Il faut, par des actions d'éclat, en donner la preuve. (Anselin.)

## Ouvrages.

Les ouvrages des plus grands génies ont eux-mêmes leur côté vulnérable.          (Vitet.)

## Paix.

Les gens raisonnables souhaient la tranquillité de l'État.          (Bescherelle.)

La paix est devenue l'objet du culte des peuples civilisés.          (Mich. Chev.)

La paix seule peut rendre la liberté durable, l'égalité équitable, la fraternité féconde.

(E. de Girardin.)

Aujourd'hui, on le sait, les principales puissances du globe se civilisent, se raffermissent de plus en plus à l'ombre bienfaisante d'une paix durable.

Or, un peuple qui sous le fallacieux prétexte de chercher sa voie (1), serait tous les trois ans

---

(1) *Tableau de civilisation à l'usage des peuples :*

| | |
|---|---|
| Archevêché. | Bibliothèque nationale. |
| Académies. | Bibliothèque publique. |
| Agriculture développée. | Bals publics. |
| Arsenaux bien amunition-nés. | Banque publique. |
| | — privée. |
| Avisos à vapeur. | Boulevards. |
| Bains publics. | Cathédrales. |

en guerre intestine, romprait inopportunément l'harmonie universelle, finirait, dans un temps

---

Chemins de fer.
Casernes.
Commerce florissant.
Collèges.
Concerts.
Diminuer les droits de douane.
« Le meilleur de tous les impôts est le plus petit.
(J.-B. Say.) »
Édifices.
Évéchés.
Écoles.
Écoles de médecine.
— de droit.
— militaires.
— de peinture.
Églises.
Encourager l'industrie.
— les sciences.
— les lettres.
— les arts.
Économie politique et sociale : les introduire dans les classes supérieures des lycées.
Établissements hospitaliers.
Fiacres.
Fortifications pourvues de canons modernes bien entretenues.
Fêtes.

Garanties constitutionnelles.
Hôtels.
Hôtels de Ville.
Hôtel de monnaie.
Hospices.
Hôpitaux militaires.
Industrie active développée.
Instruire et moraliser les masses populaires.
Journaux dans toutes les villes.
Jardins publics.
Jury choisi et rémunéré.
Lycées.
Liberté de la presse.
Musées.
Musique (académie de).
Omnibus.
Observatoire.
Opéra.
Paix.
Promenades publiques.
Palais.
Ports militaires.
Ponts bien entretenus, en construire sur tous les cours d'eau un peu considérables.
Police urbaine nombreuse pour assurer, jour et nuit, la sécurité publique.

donné à se désagrége. n'avoir plus de force numérique, et, pour résultat final, serait bientôt la proie inévitable d'une nation puissante qui le convoite depuis longtemps, à moins que des circonstances imprévues ne s'y opposent effectivement.

(Anselin.)

Laissez en paix votre pays. Si vous l'aimez, si vous êtes bon patriote, travaillez par tous les moyens possibles, à son avancement, à son bonheur; mais n'ayez jamais la cruelle témérité d'y allumer la guerre civile; car elle entrave tout à coup le progrès, sème la division, appauvrit les peuples, en leur laissant pour résultat inévitable des dépenses extraordinaires, des dettes vraiment accablantes.

(Le même.)

---

Palais de justice.
Prisons organisées sérieusement.
Régiment. Chaque régiment doit avoir sa musique.
Routes soignées.
Rues pavées ou cailloutées, propres, éclairées.
Revenus publics honnêtement administrés.
Respecter la constitution.
Respecter les lois.
Salles de police.
Sociétés littéraires.
— savantes.
Soldats bien nourris, bien vêtus, bien armés, bien exercés, bien disciplinés.
Sténographie (cours de).
Théâtres.
Télégraphes.
Téléphones.
Universités.
Vaisseaux cuirassés.
Voitures publiques.

## Pardon.

Le pardon est la plus noble vengeance.

(Boiste.)

## Paresse.

La paresse donne entrée à tous les vices.

(Mallebranche.)

La paresse produit la misère ; la misère tue le corps par les privations, et l'esprit par le chagrin.

(De Juss.)

La paresse d'esprit abêtit.

(Boiste.)

## Parleur.

Les grands parleurs sont des tonneaux vides qui rendent plus de son que les tonneaux pleins.

(Salle.)

Avec de l'esprit on est quelquefois parleur ; mais on n'est jamais bavard ou grand parleur.

(Boiste.)

## Parole d'honneur.

Ne dites pas toujours : Ma parole d'honneur ;
Qu'il soit moins dans la bouche et plus au fond du cœur.

(C. d'Harleville.)

## Parrainage.

... Ordinairement, le premier enfant a pour parrain un de ses grands-pères et pour marraine une de ses grand'mères ; les deux autres aïeuls, s'ils existent encore, remplissent le même office auprès du second enfant.

L'usage a imposé, lors d'un baptême, quelques obligations au parrain et à la marraine, au moins dans les familles aisées. Le parrain doit un présent à l'accouchée, présent qui varie naturellement selon sa condition ; il doit en outre donner à sa commère des boîtes de dragées et de six à douze paires de gants blancs. Quelquefois on joint à ce présent un bouquet et un bijou ; le parrain seul paie à l'église et il doit une gratification à la nourrice. Il doit donner chaque année des étrennes à son filleul ou à sa filleule, veiller sur son avenir et contribuer, s'il le peut, à son établissement. Quant à la marraine, elle doit donner à l'accouchée, une layette pour l'enfant ou tout autre partie de la toilette de baptême. (P. Larousse.)

Le parrainage est toujours une corvée désagréable, parce que l'usage en a fait une sorte d'impôt.

A moins que vous ne soyez très riche, ou

proche parent, ou qu'il y ait quelques circonstances qui vous obligent, refusez net ceux qui vous feront une telle proposition.

Il y a tels pères qui ne choisissent des gens riches pour être parrains de leurs enfants, qu'afin d'assurer une ressource pour l'avenir à leur progéniture. C'est une spéculation souvent trompeuse.

Si votre fortune est bornée, refusez, car si vous acceptez, vous passez pour un ladre, ou pour un vaniteux qui dépense plus qu'il ne peut, quoi que vous fassiez.

Dans tous les cas si vous acceptez, tirez-vous en aussi honorablement que possible, et dépensez, s'il le faut, le quart de votre revenu, ou même la moitié.                    (Boitard.)

## Parti.

Le parti le plus honnête est toujours le plus sage.                         (J.-J. Rousseau.)

De deux partis, nous voyons le plus sage, et nous suivons le plus mauvais.        (Boiste.)

Ne comptez pas sur le cœur et le jugement des hommes de parti.              (Le même.)

La force d'un parti est toujours en proportion du nombre de ses martyrs.        (E. Renan.)

L'esprit de parti n'est que l'égoïsme sous le nom d'utilité générale. (Boiste.)

L'esprit de parti abaisse les plus grands hommes jusqu'aux petitesses du peuple. (La Bruy.)

Les hommes, les gens de parti sont souvent injustes de bonne foi. (Bescherelle.)

C'est par abus qu'on a dit trop longtemps esprit de parti; l'expression propre, c'est bêtise de parti. (De Cust.)

Le patriotisme resserre les liens de la société, l'esprit de parti, toujours égoïste, les relâche. (Boiste.)

La réunion des partis est le salut de la patrie. (Le même.)

Celui qui, dans les guerres civiles, peut rester neutre entre les partis est à la fois un sage et un patriote. (Anselin.)

Les ministres d'une religion sont partout de véritables ouvriers de paix.

En temps de trouble, ils n'ont par conséquent pas à s'engager dans les querelles et dans les luttes des partis. Ils doivent, au contraire, en garder la plus parfaite neutralité; ils doivent surtout s'élever, s'élever toujours au-dessus de tout commerce humain, et non se jeter irréligieusement dans les embarras du monde politique. (Le même.)

## Passion.

Que penseront de nous les honnêtes gens si nous ne réprimons pas nos passions.

(La Rochef.)

En politique, comme dans les affaires privées, la passion est toujours mauvaise conseillère.

(Anselin.)

## Patience.

Il faut s'armer de patience en cette vie et tâcher d'être aussi insensible aux traverses que nos cœurs sont ouverts aux charmes de l'amitié.

(Fénelon.)

Il est un courage plus rare et plus nécessaire, qui nous fait supporter chaque jour, sans témoins et sans éloges, les traverses de la vie, c'est la patience.

(B. de St-Pierre.)

La patience est amère, mais son fruit est doux.

(J.-J. Rouss.)

Pour élever les petits enfants, il faut beaucoup d'amour et de patience.

(Mme Monmarson.)

Le pauvre sans patience est comme une lampe sans huile.

(X.)

## Patrie.

Ceux qui se sacrifient pour la patrie soit en cherchant son bonheur, soit en défendant son honneur, attirent l'admiration de tous et survivent dans la postérité. (Lara Miot.)

Aimer sa patrie, se dévouer pour elle, que peut-on voir de plus beau? (Anselin.)

Ce n'est pas assez que d'aimer sa patrie, il faut encore, si cela est possible, s'évertuer à lui être utile à quelque chose. (Le même.)

## Pauvreté.

Il n'est pas pour une nation de causes plus appauvrissantes qu'un prince despote et un gouvernement antilibéral. (Bescherelle.)

Il vaut mieux une pauvreté noble qu'une richesse illicitement acquise. (Anselin.)

## Peccadille.

Rompre les plus beaux nœuds, les nœuds les
[plus charmants
N'est pas une action si basse :
Aujourd'hui l'inconstance passe
Pour une peccadille entre d'honnêtes gens.
(Boursault.)

Si vous ne savez souffrir et pardonner la moindre peccadille, cela veut dire en grosses lettres que vous n'avez aucune notion de savoir-vivre, aucun élément de bonheur.
(Anselin.)

## Peine.

Ce n'est point au plaisir, c'est à la peine qu'il faut s'habituer. (Guich.)

## Perfection.

La perfection ne s'obtient qu'à force de temps et de patience. (L'abbé Drioux.)

Personne sur la terre n'est doué d'une perfection absolue. (G. Sand.)

## Péril.

Ceux qui aiment le péril et qui y succombent n'ont droit d'occuper personne de leur mésaventure. (St-Marc-Girardin.)

## Persévérance.

La persévérance utilise le passé, le présent, l'avenir. (Boiste.)

Celui-là seul mérite le nom de bienfaisant qui fait le bien avec persévérance. (Lemontey.)

En toute chose, la persévérance, la bonne volonté et l'activité sont de tout temps de bons éléments de succès. (Anselin.)

## Peuple, Nation, Gouvernement, Liberté.

Les peuples ne souffrent que par les fautes des rois.  (Fénelon.)

Tout est perdu quand on traite les peuples comme une troupe de taureaux ; car, tôt ou tard, ils nous frappent de leurs cornes.  (Volt.)

Faire reposer la destinée d'un peuple sur la tête d'un homme, c'est le plus grand de tous les crimes.  (Berryer.)

Pour rendre un peuple vertueux, il faut le rendre heureux.  (De Rumfort.)

Il n'y a qu'un peuple vertueux qui soit capable de la liberté.  (Ste-Beuve.)

Dès qu'un peuple connaît ses droits, il n'y a plus qu'un moyen de le gouverner, c'est de l'instruire.  (E. de Girardin.)

Tout peuple matériel sera tôt ou tard assujetti par un peuple moral.  (J. Joubert.)

Un peuple libre est une garantie pour un peuple libre.  (Châteaub.)

On améliore le peuple en lui donnant du travail.  (Larousse.)

Instruire le peuple, c'est l'améliorer.

(V. Hugo.)

Les nations qui poursuivent comme bien suprême la richesse matérielle et les voluptés qu'elle procure sont des nations qui déclinent.

(Proudhon.)

Les mœurs d'une nation sont plus sacrées au peuple que ses lois. (Duclos.)

On voit les nations se perfectionner ou se détériorer suivant la nature de leur gouvernement.

(M^{me} de Staël.)

Il n'y a de nations grandes que les nations sages. (Mich. Chev.)

Un bon gouvernement est en harmonie avec l'opinion publique. (Bescherelle.)

La liberté de la presse est la sentinelle avancée de toutes les autres libertés. (Anonyme.)

Que l'individu soit libre et que ses droits soient respectés : tel est le premier axiome de la sagesse politique. Ce qui fait notre valeur morale, c'est la liberté : nous ne sommes des personnes qu'à la condition de pouvoir exprimer dans nos actes notre originalité, notre façon particulière de penser, notre énergie individuelle. La liberté de chacun doit donc être sacrée pour tous : la liberté de chacun, voilà ce qui importe ; la société ne peut ni ne doit y porter atteinte ; bien mieux, elle est faite pour la garantir. (Caro, de l'Institut.)

La liberté n'est pas oisiveté. (La Bruy.)

La liberté n'existe que de nom lorsque le gouvernement est trop faible pour réprimer les factions, lorsqu'il ne peut contenir chaque membre de la société dans les limites qui lui sont assignées par les lois, et lorsqu'il est incapable de procurer à tous les citoyens la paisible jouissance de leurs droits. (Washington.)

Il ne faut pas que la liberté dégénère en licence. (Littré.)

Sans liberté, l'opinion de la presse s'abaisse, et l'opinion publique s'abaisse en même temps. (J. Favre.)

La véritable liberté consiste à n'obéir à aucune passion. (Dacier.)

Point de liberté publique et individuelle sans la liberté de la presse. (Lally Tollendal.)

Tout gouvernement républicain qui veut durer longtemps n'a qu'à se renfermer fermement, résolument dans la loi; mais s'il s'en écarte sa puissance diminue, il est dès lors renversable, et sa chute, si elle arrive, ne doit point le surprendre. (Anselin.)

## Peur.

La peur grossit les objets. (Agniel.)

## Pierre.

Ne jetons pas la pierre aux autres;

Car s'ils ont leurs défauts n'avons-nous pas les nôtres.                              (Arnault.)

Quel homme n'a pas commis ses petits péchés de jeunesse, et qui de nous oserait jeter la première pierre ?                              (X. Marmier.)


## Pitié.

Ayez pitié même des pauvres qui se laissent aller à l'impatience et à la colère. Pensez que c'est une chose bien dure pour le malheureux de souffrir toutes les misères dans un taudis ou dans un chemin, tandis qu'à quelques pas de lui passent des hommes parfaitement vêtus et nourris.                              (Sylvio Pellico.)

La pitié est un des plus nobles sentiments qui honorent l'homme.                              (J. de Maistre.)


## Plaisant.

On aime un bon plaisant, on abhorre un caustique.                              (Paliss.)


## Plaisanterie

Il ne faut jamais hasarder la plaisanterie, même la plus douce et la plus permise, qu'avec des gens polis ou qui ont de l'esprit.

(La Bruy.)

## Plaisir.

Sécher une larme, faire naître un sourire, voilà deux plaisirs que dans toute condition, vous pouvez vous procurer à peu de frais et qui vous donneront, croyez-moi, de bien douces sensations. (Henri de la Pommeraye.)

Les plaisirs sont peu nécessaires quand on a du bonheur. (M^me Guizot.)

Le plaisir des bons cœurs c'est la reconnaissance. (La Harpe.)

Quel plaisir de penser et de dire en soi-même :
Partout, en ce moment, on me bénit, on
[m'aime.
(Racine.)

Qui vient me voir me fait honneur ; qui ne vient pas me faisait plaisir. (J. Janin.)

## Poésie, poète.

Que dire de ces hommes qui détournent la poésie au service des mauvaises passions, qui en font un instrument de blasphème et de corruption et qui l'emploient à énerver et à dépraver les âmes ? *Corruptio optimi pessima.*
(Géruzez.)

Un bon poète n'est guère plus utile à l'État qu'un bon joueur de quilles. (Malherbe.)

Il faut faire vivre les poètes, mais non les engraisser. (Charles IX.)

Travaillez, apprenez, comprenez, ô poètes !
Sans cesse étudiez toutes choses à fond ;
Jamais votre savoir ne sera trop profond,
Car il faut être fort dans le temps où vous êtes.
(Maxime du Camp.)

Le vrai poète n'est pas seulement un être doué de facultés poétiques ; par goût il aime le vrai, le beau, le bien ; à la façon de Hugo et de Lamartine, il aime profondément la nature, et par-dessus tout la patrie et l'humanité entière. Doux de caractère, il est en toutes circonstances incapable de méfaire. Il a particulièrement l'esprit élevé, le cœur bon, généreux, l'âme naturellement sensible. Il est en tout temps un être expansif, charmant, sociable, et l'or, chacun le sait, n'est jamais son idole.

Mais d'un autre côté, s'il ne sait faire que des vers licencieux, s'il sait haïr, s'il peut commettre des actions dures, répréhensibles, s'il est immoral enfin, hélas ! malgré ses grands talents, il ne peut être qu'un aimable, spirituel rimeur, mais il n'est pas poète, vous le sentez bien.
(Anselin.)

## Police.

Une police bien faite est le chef-d'œuvre de la civilisation; celui de la morale serait de la rendre inutile.                (J.-L. Mabire.)

La police doit être une mère et non une commère.                (Le prince de Ligne.)

Une des plus grandes utilités publiques d'un pays civilisé, c'est la police.

En effet, comment maintenir l'ordre, procurer la sécurité, arrêter — dans tous les quartiers — les délinquants, les incendiaires, les voleurs, les assassins, sans police nombreuse, éparpillée, jour et nuit, dans toutes les rues, dans toutes les ruelles, dans tous les recoins ?...

Une ville peuplée de quinze mille habitants, par exemple, où l'on ne verrait en action qu'une centaine d'agents de police, pourrait-elle avoir la prétention de faire de la bonne police ? — Assurément non.                (Anselin.)

## Politesse.

La politesse de l'esprit consiste à penser des choses honnêtes et délicates.     (La Rochef.)

La politesse consiste à être aussi bon, aussi aimable avec les autres que nous voudrions que les autres le fussent pour nous, et à ne jamais choquer les usages reçus dans le monde.

(Boitard.)

La politesse envers les inférieurs est la marque d'une supériorité réelle et la meilleure manière de les forcer à être polis envers nous.

(M^me Louise d'Alg.)

La politesse consiste à faire et à dire tout ce qui peut plaire aux autres. (Del.)

La politesse, chez une maîtresse de maison, consiste à alimenter la conversation et à ne jamais s'en emparer. (M^me Swetchine.)

La politesse est le charme des relations sociales. (Latena.)

La politesse, les égards, les bons procédés sont un moyen également puissant de conserver la paix et l'union dans un bon ménage ; ce serait une erreur de croire que ces dehors peuvent être dédaignés : la mésintelligence s'élève bien rarement dans une famille où chacune des personnes qui la composent reste dans les bornes de la politesse, cette maîtresse de la civilisation. « Traitez votre femme avec égard, a dit Franklin, et vous serez traité de même, non seulement par elle, mais par tous ceux qui seront témoins de votre conduite. N'usez jamais envers elle de paroles piquantes, même en plaisantant ; les sarcasmes dégénèrent trop souvent en aigreur et en querelles. » En faisant de constants efforts pour écarter les expressions grossières de sa bouche, les formes brusques et bourrues de ses manières, on verra bientôt disparaître ces petits différends qui troublaient l'existence, et la politesse deviendra ainsi un puissant auxiliaire du bonheur de chaque jour.

(Cora Millet, née Robinet.)

### Politique.

La meilleure politique est celle qui est basée sur la justice et la loyauté.     (M. Boerescu.)

Parler politique devant des femmes, c'est prouver que l'on manque à la fois de tact et de politesse.                         (Boitard.)

S'occuper surtout et avant tout de son ménage, diriger, dans l'intérêt de la société, l'éducation de ses enfants, tel est, on le conçoit, le rôle suprême de la femme dans la famille.

Or, une femme qui, oubliant ses devoirs, se mêle aussi de la politique, mérite absolument, comme on dit, de *porter les culottes*.

(Anselin.)

Ni ceux qui aiment la vérité ni ceux qui aiment la beauté ne peuvent se soucier de la

politique, qui ne se soucie, elle, ni de la beauté
ni de la vérité des choses.                    (X.)

On ne fait pas de politique neuve avec de
vieux moyens.                        (E. de Gir.)


### Porte-respect.

Un homme d'État qui veut avoir à la main un
porte-respect prendra volontiers la cravache
traditionnelle ou une canne; mais si, à l'en-
contre, il porte un bâton ou un gourdin, il aura
décidément l'air d'un batteur, d'un bâtonniste,
ce qui, on le comprend, ne s'accorde guère avec
le rang éminent qu'il occupe.        (Anselin.)


### Pouvoir.

Le fléau de l'espèce humaine, c'est le pouvoir
absolu.                        (M$^{me}$ de Staël.)

Jamais un homme vraiment supérieur ne sou-
haitera le rétablissement du pouvoir arbitraire.
                            (La même.)

Plus l'homme en pouvoir est petit, plus il
convient à toutes les petitesses.    (Châteaub.)

Moins on est capable du pouvoir, plus on
l'aime.                        (Le même.)

Le pouvoir absolu n'est que l'anarchie sous un
autre nom.                        (B. Const.)

Tout pouvoir humain est faillible et doit être contrôlé et limité.                     (Guizot.)

Le pouvoir n'est rien s'il ne tire son autorité de la loi.                     (E. de Gir.)

Princes, voulez-vous conserver le pouvoir, voulez-vous toujours être aimés de vos peuples, rendez-les heureux.                     (Anselin.)

## Préjugé.

C'est l'ignorance qui est la source la plus importante des préjugés, on pourrait dire la source unique.                     (P. Larousse.)

Les préjugés, ami, sont les rois du vulgaire.
                    (Volt.)

Certains préjugés, sucés avec le lait,
Deviennent nos tyrans jusque dans la vieillesse.
                    (Chénier.)

Quand on est garotté par les liens des préjugés, il est difficile de s'en franchir : certaines natures n'y parviennent jamais.     (Raphaël.)

C'est un grand malheur de n'avoir que des préjugés sans principes.     (Mme d'Epinay.)

A mesure que la philosophie fait des progrès, la sottise redouble ses efforts pour établir l'empire des préjugés.                     (Chamfort.)

Les bons préjugés sont ceux que le jugement ratifie quand on raisonne.                     (Volt.)

Aujourd'hui plus que jamais, il y a partout religion et diffusion des lumières : c'est pourquoi l'homme au préjugé de couleur doit être considéré comme athée, comme démoralisateur, comme ennemi du genre humain.    (Anselin.)

Pour diversifier son œuvre grandiose, Dieu, dont les desseins sont impénétrables, a bien voulu placer dans la nature des hommes de différentes couleurs : race blanche, race jaune, race noire, et parmi les races croisées : métis, mamelucs, paoliste, mulâtre, etc.

Toutes ces races réunies forment ce que l'anthropologie appelle *Races humaines*.

Tous ces hommes, vous le savez aussi bien que moi, ont naturellement leur place marquée sous le soleil : ils doivent travailler et y vivre, ils doivent se civiliser, ils doivent s'entr'aimer, s'entre-bienfaire, ils doivent enfin vivre en frères.

En effet, on remarque, ici comme ailleurs, que les vrais honnêtes gens, les gens tout à fait bien élevés n'ont jamais un seul instant le préjugé de la couleur.

Cependant, à la honte de l'humanité, on voit, hélas ! on voit quelquefois, en petit nombre il est vrai, des personnes ignorantes, privées d'éducation, des cœurs déshumanisés, s'y accrocher opiniâtrément.

Cette maxime, digne des siècles reculés, est contraire à la morale et aux convenances.

Dans la règle, il faut absolument aimer la créature et même nos irréconciliables ennemis.

Celui donc qui, à plaisir, nourrit contre une race d'hommes quelconque des sentiments de déplaisir ou d'envie montre par là qu'il est entièrement dépourvu d'esprit et de philosophie, car nul mortel ici-bas — quelles que soient sa science et sa conception — ne saurait être plus intelligent que le Créateur de l'univers, pour prétendre blâmer ou rectifier ses œuvres.

Que les superbes, les mécontents y réfléchissent : nous sommes tous enfants de Dieu descendants d'Adam, et tôt ou tard, malgré les incivilisés, malgré les misanthropes, il faut que la fraternité universelle règne au milieu de tous les hommes. (Le même.)

## Présent.

Le passé, on le sait, ne compte plus ; mais c'est au présent surtout qu'il faut se préparer pour aplanir, le plus possible, les rigueurs et les difficultés de l'avenir. (Anselin.)

## Présomption.

La présomption est fille de l'ignorance. (Rivarol.)

La présomption est une disposition habituelle à se croire des vertus et des talents qu'on n'a pas.

(Descuret.)

La présomption fait tort au mérite.

(Fonten.)

### Presse (La).

Le silence de la presse ne sauve pas les gouvernements despotiques. (P. Larousse.)

La principale mission de la pressse est de traduire fidèlement les volontés du peuple, proposer sans relâche les améliorations nécessaires à la communauté, dire en tout état de cause la vérité. (Anselin.)

Un pays où la presse serait tolérante, où il faudrait tout voir sans parler, où personne n'aurait, au nom de la société ou de la morale, le mâle courage d'avertir, de redresser, de protester, où chacun après tout aurait peur du lendemain; s'il existait, dis-je, un pareil pays, il doit tout naturellement s'affaisser peu à peu, puis tomber bien bas, puis perdre un beau matin sa nationalité, absolument comme la Pologne l'a perdue par ses fréquentes guerres civiles. (Le même.)

Un bon gouvernement républicain doit toujours être au courant de tout ce que publient les journaux de son pays. Dans l'intérêt commun, il doit, autant qu'il est possible de le faire, réaliser les aspirations du peuple signalées par la presse. Agissant ainsi, il fera échouer de sérieuses coalitions et se maintiendra après tout sans de grands efforts. (Le même.)

### Prévoyance.

Celui qui s'endort sans prévoyance se réveille sans ressources. (De Jussieu.)

### Principes.

La plupart des gens n'ont pas de principes et vivent à l'aventure. (La Bruy.)

### Prison.

La prison moderne n'est plus comme autrefois un lieu sale, nauséabond, malsain. La charité a fait comprendre depuis assez longtemps déjà qu'il faut traiter l'homme avec bonté, avec égards ; voilà pourquoi on y voit présentement des chambres, des cellules propres, aérées, confortables.

En outre, pour empêcher la corruption, dans la grande prison, le citoyen a sa prison, le militaire a sa prison, le criminel a sa prison, les enfants ont leur prison nommée, comme on sait, maison de correction. Il y a aussi la salle de police, la prison d'État, etc.

Aussi voit-on tout gouvernement civilisateur se conformer strictement à cette règle bienveillante et équitable. (Anselin.)

### Prisonnier de guerre.

En guerre, lorsqu'on prend un prisonnier, qu'il soit ministre, général, officier ou soldat, on peut, s'il est besoin, s'assurer de sa personne, mais la civilisation, mais le droit des gens obligent positivement de le traiter avec égards, de respecter sa vie. S'il est blessé on ne le tue pas non plus, on le conduit à l'ambulance où on lui prodigue comme aux siens tous les plus grands soins.

Un peuple moderne qui agirait autrement serait, à n'en pas douter, dans la plus complète barbarie. (Anselin.)

### Probité.

La probité est la vertu des pauvres. La vertu doit être la probité des riches. (Duclos.)

La probité est un attachement à toutes les vertus civiles. (Didier.)

La probité fait naître la confiance et facilite toutes les relations. Les personnes qui sont privées de cette vertu sont dangereuses et méprisables.
(A. Debay.)

Le plus grand mal que fait un ministre sans probité, c'est le mauvais exemple qu'il donne.
(Montesquieu.)

La probité n'était autrefois qu'un simple devoir; aujourd'hui c'est une véritable distinction.
(Dubay.)

Si vous vous présentez devant une personne pour lui demander quelque faveur, ne lui parlez pas de votre probité, de votre honnêteté, c'est de la gloriole.
(Anselin.)

La probité reconnue est le plus sûr de tous les serments.
(M<sup>me</sup> Necker.)

L'homme véritablement honnête ne vante pas sa probité.
(Boiste.)

La probité attire l'attention, l'estime publique; l'improbité au contraire entraîne la désaffection et le mépris.
(Anselin.)

### Procédé.

Dans les bastringues, un cavalier sans gêne peut se permettre de demander à une dame son éventail et s'en éventer à son aise; mais, dans la bonne société, ce procédé, par trop incorrect, ne saurait être admis. (Anselin.)

## Professeur.

Il ne faut pas mettre des professeurs à la marine, des ingénieurs à la guerre et des imbéciles à la justice. (J. Cornély.)

## Progrès.

Le parti démocratique est seul en progrès, parce qu'il marche vers le monde futur.

(Châteaub.)

Le progrès de la civilisation veut de la liberté et de la paix. (Guizot.)

Le progrès est la loi du monde moral et intellectuel, comme il est la loi du monde physique.

(Maquel.)

Où serait le mal que le progrès gouvernât ? N'y a-t-il pas assez longtemps que règne l'abus.

(E. de Gir.)

Les progrès sont les victoires de la paix.

(Le même.)

En tous pays civilisables, les députés vraiment éclairés sont toujours partisans du progrès.

Ils ont l'esprit réformateur.

Peuples, voulez-vous, en revanche, attarder la civilisation, voulez-vous rester invariablement dans la vieille routine du passé, nommez en ce cas des députés médiocres, et vous aurez certainement votre affaire. (Anselin.)

### Projet.

A la Chambre, au Sénat, tout bon projet doit être appuyé : le patriotisme le commande.

Lorsqu'un bon projet est malheureusement écarté, le pays tout entier le regrette. C'est du temps perdu. (Anselin.)

Rendre la vertu aimable et le vice odieux, le ridicule saillant, voilà le projet de tout honnête homme qui prend la plume, le pinceau ou le ciseau. (Didier.)

Lorsqu'on a près de quatre-vingts ans, on ne doit plus raisonnablement faire des projets pour l'avenir, car on est déjà presque au terme de la vie. A cet âge où l'on a très peu de force, si l'on entreprend un travail quelconque, on n'est pas bien sûr de l'achever au lendemain.

(Anselin.)

### Promesse.

Le plus lent à promettre est toujours le plus fidèle à tenir. (J.-J. Rouss.)

En politique comme dans la vie privée, il n'est ni sage ni honnête de promettre ce qu'on n'est pas certain de pouvoir tenir ; plus d'un hardi théoricien, aux prises avec les difficultés pratiques, a pu vérifier combien cette vérité est incontestable.           (E. Perrot de Chezelles.)

Ce n'est pas tout de promettre, il faut effectuer.                                         (Littré.)

Quelque chose que vous ayez promise, donnez-la.                                    (Lamarre.)

On ne doit guère compter sur un homme qui n'accomplit point sa promesse.        (Anselin.)

## Proscription.

Le citoyen inutile n'est pas moins proscrit par l'Évangile que par la société.           (Mass.)

## Prospérité.

Chez toutes les nations l'agriculture est la source la plus pure de la prospérité publique.
                                        (Chapt.)

L'agriculture, en donnant à l'homme les aliments nécessaires à sa subsistance et à celle de sa famille, lui offre en même temps les moyens les plus sûrs d'établir son bien-être, et il n'en existe pas de plus honorable pour contribuer à celui du pays.                    (De Pommense.)

L'angoisse, la tristesse, sont compagnons de la prospérité.          (Lombard de Langres.)

## Provocation.

Personne aujourd'hui n'est déshonoré pour refuser les provocations d'un querelleur ou d'un spadassin.                    (Dupin.)

Les idées préparent les progrès, les passions provoquent les révolutions.          (E. de Gir.)

## Prude.

Les prudes sont ennuyeuses dans le monde par leurs exigences, et dangereuses par leurs observations et leurs jugements dépourvus de charité.          (Comtesse de Bradi.)

## Prudence.

La prudence doit. être la règle de toutes nos actions.                    (X.)

Une femme prudente est la source des biens.
                    (Destouches.)

La prudence vaut souvent mieux que la valeur.
                    (Charron.)

## Pruderie.

La pruderie est la caricature de la sagesse.
(Beaumarch.)
La pruderie est l'hypocrisie de la pudeur.
(Massias.)

## Pudeur.

La langue française est si chaste qu'elle rejette non seulement toutes les expressions qui blessent la pudeur et qui salissent tant soit peu l'imagination, mais encore celles qui peuvent être mal interprétées. (Bonh.)

La pudeur, la confiance et l'honneur se perdent à peu de frais et ne se recouvrent à aucun prix. (Sanial Dubay.)

La pudeur est une forme de la dignité personnelle. (Proudh.)

La pudeur renferme toutes les vertus des femmes. (M$^{me}$ de Passy.)

Il est, chez les âmes nobles, une pudeur qui les empêche d'exprimer leurs souffrances.
(Balzac.)

## Puissance.

Il n'y a que deux puissances dans le monde : le sabre et l'esprit ; j'entends par l'esprit les institutions civiles et religieuses..... A la longue le sabre est toujours battu par l'esprit.

(Napoléon.)

## Pureté.

L'orgueil du père est dans la pureté de sa fille. (E. de Girardin.)

Que la pureté virginale est touchante et respectable ! (Bescherelle.)

## Quadrille.

Les cinq morceaux d'un quadrille portent les noms suivants : pantalon, été, poule, pastourelle, finale.

Ceux des Lanciers :

Les tiroirs, les lignes, les moulinets, les visites et les lanciers. (A.)

Il faut pour le quadrille les vastes proportions d'une immense salle et les éclats d'un orchestre infernal. (P. Larousse.)

Au bal, lorsqu'une danseuse est fatiguée de telle sorte qu'elle ne peut rester debout pendant un quadrille, elle doit tout simplement s'abstenir de danser, au lieu de s'asseoir sur une chaise au milieu de la salle, ce qui est on ne peut plus incorrect et disgracieux. (Anselin.)

## Querelle.

Dans un ménage il faut de petites querelles.
(Collin d'Harleville.)

Comment peut-on se quereller quand on s'aime ? (J.-J. Rouss.)

C'est une maladresse de ne savoir pas prévenir une querelle. (Le même.)

## Qualités.

Les qualités bonnes ou mauvaises d'un mari influent toujours sur la conduite de sa femme.
(M^{me} de Rémusat.)

Le commencement de toutes les qualités, c'est la justice. (J. Janin.)

Nos qualités viennent de la nature, mais nos vertus sont le fruit de notre éducation.
(M^{me} E. de Girardin.)

## Question.

Éclairer le peuple, c'est la grosse question de l'avenir. (Ed. Laboulaye.)

La question la plus barbare qu'on puisse adresser à une femme, c'est de lui demander son âge. (St-Omer.)

Il n'y a plus de questions politiques, il n'y a plus que des questions sociales.

(De Metternich.)

## Questionneur.

Un questionneur est quelquefois un homme qui cherche à s'instruire ; plus souvent c'est un sot ou un fat qui veut interroger.     (Boiste.)

Il est encore plus facile de juger de l'esprit d'un homme par ses questions que par ses réponses.                    (De Juss.)

## Raillerie.

La raillerie est l'expression irrévocable du dédain.                    (Villemain.)

Ne sont-ce pas les railleries qui font les plaies les plus vives, les plus cruelles et les plus sanglantes.                    (Bourd.)

La raillerie est souvent une marque de la stérilité de l'esprit : elle vient au secours quand on manque de bonnes raisons.     (La Rochef.)

La raillerie ne convient pas à ceux qui sont élevés au-dessus des autres.     (Fléchier.)

## Raison.

... C'est la raison,
Et non pas l'habit qui fait l'homme. (Lebrun.)

La raison est la plus lente des acquisitions de l'homme. (J.-J. Rousseau.)

Les hommes sont toujours contre la raison quand la raison est contre eux. (Helvétius.)

C'est le triomphe de la raison que de vivre avec des gens qui n'en ont pas. (Volt.)

Même quand nous croyons avoir le plus raison, soyons modeste. (Ste-Beuve.)

La raison est une parcelle de la divinité du Créateur. (J. Cassanova.)

Il y a intention de despotisme toutes les fois que l'on veut interdire aux hommes l'usage de la raison. (M^me de Staël.)

La raison est la faculté intellectuelle qui distingue l'homme de la brute, et par laquelle il s'élève jusqu'à la connaissance de Dieu, de lui-même et du monde moral. (Artaud.)

La raison se forme par l'enseignement. (Lacordaire.)

La raison ne vient aux enfants que par degrés. (Buffon.)

Rien n'est moins raisonnable que de vouloir que les enfants le soient. (M^me de Maint.)

## Rampement.

Ceux qui rampent toujours sont les seuls qui ne tombent jamais. (X.)

Bien des hommes rampent pour arriver au commandement. (J. Simon).

L'âme vile rampe dans l'adversité et se fait craindre dans la prospérité.

(La Rochef-Doud.)

### Rapports.

Celui qui vous fait des rapports sur d'autres en a fait à d'autres sur vous. (X.)

Les rapports font toujours plus de mal que de bien. (Gresset.)

Il ne faut quelquefois qu'un faux rapport pour brouiller deux amis. (Acad.)

L'homme pervers sème des querelles, et le rapporteur met les plus grands amis en division. (Prov. bibl.)

Le feu s'éteint faute de bois; ainsi, quand il n'y aura plus de rapporteurs, les querelles s'apaiseront. (Prov. bibl.)

En politique comme dans la vie privée, il ne manque jamais de rapports. Chacun le sait.

Lorsqu'un dénonciateur a rapporté à un souverain qu'un tel a dit ceci, a fait cela, il faut nécessairement entendre l'autre parti, car « Qui n'entend qu'une cloche n'entend qu'un son ».

Avant de punir, on vient de le voir, on doit

toujours s'assurer du fait, et, si je ne me trompe, cela se nomme sagesse.

Un administrateur qui sait ainsi régner montre une fois de plus à son peuple qu'il est intelligent et habile, et qu'il n'est pas disposé à donner cours aux petites passions particulières.

(Anselin.)

### Recherche.

La femme grosse doit rechercher la vue des beaux enfants, des belles statues, des belles peintures. (Maquel.)

### Réformes.

Le moyen de déjouer les conspirations et d'apaiser les mécontents, c'est d'effectuer de sages réformes. (La Bédolière.)

Les abus ouvrent la barrière aux révolutions, les réformes seules la leur ferment.

(E. de Girardin.)

Fatiguons tous les gouvernements pour en arracher des réformes qui les sauvent, et ne les renversons jamais. (Lacretelle.)

### Refus.

C'est une louable adresse de faire recevoir doucement un refus par des paroles civiles, qui

réparent le défaut du bien qu'on ne peut accorder.                                   (La Rochef.)

Assaisonnez de douleur et de témoignage
d'affection le refus que vous êtes obligé de faire.
                                   (P. Crasset.)

Qui fait demande impertinente
Doit attendre sage refus.     (Lenoble.)

Si, pour un motif quelconque, quelqu'un ne
fait pas pour vous une chose ou ne tient pas à
vous l'accorder, ne vous hâtez pas trop de lui
dire : « Vous rejetez ma demande, parce que vous
avez le préjugé de la couleur. »

Et d'abord, pour le dire, cela n'indique-t-il
pas clairement que c'est vous qui l'avez, que la
chose gît depuis longtemps dans votre maladive
imagination.

Et si votre partner, par esprit d'opposition,
pour vous mortifier, pour vous prouver qu'il est
libre ici-bas d'accorder ou de refuser ses faveurs
sans qu'on ait rien de disgracieux à y voir,
répond bravement :

« Vous l'avez dit ! »

Décontenancé, vous resterez stupide.

Par une courtoisie chevaleresque, l'homme de
bon ton sait mesurer en tous lieux ses paroles,
de façon à n'avoir pas à baisser un seul instant
les yeux devant ses semblables.     (Anselin.)

## Relèvement de la robe.

Dans la rue, une dame ne doit jamais relever sa robe plus haut que la cheville du pied.

(Boitard.)

## Religion, fétichisme, superstition.

Aimez et observez la religion : le reste meurt, elle ne meurt jamais. (Fénel.)

La religion est une chaîne dont le premier anneau s'attache à la terre et le dernier au ciel.

(De Custine.)

Il faut une croyance religieuse, il faut un culte à toute association humaine. (Thiers.)

La lumière et l'amour ! la sincérité et la charité ! toute la religion est là.

(Victor Cherbuliez.)

Dans un pays où le gouvernement protège tous les cultes, tous les cultes sont bien malades.

(A. Guyard.)

La religion est encore plus nécessaire à ceux qui commandent qu'à ceux qui obéissent.

(Bossuet.)

Quand la religion se fait instrument politique, elle s'expose à voir méconnaître son caractère sacré. (Béranger.)

La première religion est d'aimer Dieu ; la

seconde religion est d'aimer sa patrie ; la troisième religion est d'aimer tous les hommes
quelles que soient leur race et leur nationalité.

(Anselin.)

Le fétichisme est la première religion des
hommes encore dans l'enfance de leur intelligence.

(Virey.)

Le fétichisme a été antérieur à toute loi positive.

(B. Constant.)

Le fétichisme est la plus grossière de toutes
les religions qui admettent plusieurs dieux. On
appelle fétiches tous les objets animés ou inani-
més que les peuples superstitieux adorent. Le
fétichisme est répandu sous diverses formes
chez beaucoup de peuples qui sont sauvages ou
d'une profonde ignorance.

(Meissas et Michelot.)

... Fussiez-vous athée, vous ne pouvez ignorer que la religion est la base de la morale
publique. Une nation d'athées serait la nation
la plus dépravée qu'il y ait sur la terre ; mieux
vaudrait le plus absurde fétichisme.

(Boitard.)

La superstition est ennemie de la religion.

(Acad.)

La superstition abaisse l'esprit autant que la
religion l'élève.

(Montesq.)

La superstition ne déshonore pas seulement la religion, elle fait encore le malheur du monde.

(S. Dubay.)

Quand une fois les hommes se livrent à la superstition, ils ne font plus de pas que pour aller d'égarements en égarements. (Condillac.)

La superstition est le plus terrible fléau du genre humain; elle abrutit les plus simples, elle persécute les sages, elle enchaîne les nations et produit partout des maux effroyables.

(J.-J. Rouss.)

Croire que lorsqu'on se trouve treize à table, il en doive mourir un dans l'année, c'est une superstition. (Bescherelle.)

Ce sont toujours les mauvais gouvernements qui rendent les peuples superstitieux.

(Boulang.)

### Rencontre.

Lorsque, sur la voie publique, on rencontre sous ses pas de l'argent, un bijou, un objet quelconque, on doit tout de suite le porter et le rendre au bureau de police, et celui qui le vient réclamer offre en revanche une récompense, mais on ne le garde pas pour soi, car « l'équité nous oblige à restituer ce qui ne nous appartient pas ». (Anselin.)

## Réponse.

La réponse douce apaise la colère ; la parole fâcheuse augmente la fureur.        (Salomon.)

## République.

Que faut-il entendre par les mots république et démocratie? J'entends par république le gouvernement du peuple par ses mandataires élus ; par démocratie la satisfaction dans les termes de la justice et du possible de tous les intérêts intellectuels et positifs, la moralisation, l'instruction et l'éducation du prolétaire, l'application sincère de cette noble devise : Liberté, égalité, fraternité.        (E. Perrot de Chezelles.)

Il n'y a qu'une république, celle qui a pour loi le respect constant de la souveraineté nationale.        (Gambetta.)

Une loyale république est le rêve de tous les esprits généreux et indépendants.

(M^me É. de Girardin.)

## Réputation.

Méfie-toi de l'homme qui déchire la réputation d'autrui.        (Prov. Oriental.)

Il faut fonder votre réputation sur vos vertus, et non sur le démérite des autres.

(M^me de Lambert.)

Rien ne contribue tant à la perte de la réputation d'une femme qu'un air indécent.

(M^me de Puisieux.)

Toute femme vaut mieux que sa réputation auprès des femmes. (Bourgeart.)

Tout le monde s'élève contre un homme qui entre en réputation. (La Bruy.)

Le talent, la réputation sont des propriétés précieuses qu'il faut exploiter, non gaspiller.

(Proudh.)

Rien ne protège mieux une jeune personne que la bonne réputation de sa mère.

(M^me C. Fée.)

La bonne réputation vaut mieux que les grandes richesses. (Sacy.)

## Résignation.

La résignation est peut-être le genre de courage le plus rare. (Droz.)

La résignation est la vertu du malheur.

(Beauchêne.)

Lorsque les peuples souffrent, la résignation est leur première pensée, la révolte ne vient qu'après. (Le Faucher.)

Il n'y a de consolation que dans une résignation entière à la volonté d'un être suprême.

(Volt.)

Pourquoi vous troublez-vous si les choses ne vous réussissent pas comme vous voulez ? Qui est celui à qui tout succède selon qu'il le veut ? Tout homme a sa peine et son affliction dans ce monde, fût-il roi ou pape.

(Imitation de J.-C.)

## Respect.

En famille on doit faire plus que s'aimer, on doit se respecter, et ne pas se conduire plus mal envers ses parents qu'on ne le ferait vis-à-vis d'étrangers.           (Mme Louise d'Alg.)

Vous devez respecter les prêtres de toutes les religions et principalement ceux de la vôtre. Ailleurs comme à l'église vous devez leur céder le pas. Il n'y a qu'un sot qui fasse parade de son incrédulité. Comportez-vous avec la plus grande décence et avec gravité non seulement à l'église, mais encore dans toute assemblée religieuse. Si vous entrez dans une église, accomplissez rigoureusement toutes les pratiques exigées par le culte dans chaque circonstance. Sous peine de passer pour un imbécile, ne vous permettez ni critique, ni raillerie, ni ricanement, ni chuchotement à l'oreille de quelqu'un. Si vous voulez jouir de votre liberté de conscience, laissez cette même liberté aux autres. N'affectez pas de rester assis quand les autres s'agenouillent, de vous tenir debout quand il faut être assis, etc. N'affectez pas non plus un rigorisme qui, souvent, dénote plus d'hypocrisie que de véritable piété. Ne condamnez pas si vous ne voulez pas être condamné. Que ces paroles de Jésus-Christ, couvrant la femme adultère de son manteau, ne sortent jamais de votre mémoire : « Que celui qui n'a pas péché lui jette la première pierre !!! »

(Boitard.)

Nous devons aux enfants le plus grand respect.

(Juvénal.)

### Richesse.

La science est pour nous la première et la plus grande des richesses.

(Ott.)

N'envions pas à une sorte de gens leurs grandes richesses ; ils les ont à titre onéreux et qui ne nous accommoderait point : ils ont mis leur repos, leur santé, leur honneur et leur conscience pour les avoir ; cela est trop cher, et il n'y a rien à gagner à un tel marché.

(La Bruy.)

Tel est riche avec un arpent de terre ; tel est gueux au milieu de ses monceaux d'or.

(J.-J. Rouss.)

Les richesses d'un souverain consistent dans la prospérité publique. Elle seule peut constituer à ses yeux un trésor enviable qu'il doit tendre constamment à accroître.

(Léopold, roi des Belges.)

Le travail est le principe de toute richesse.

(Vauban.)

Rien ne se dissipe plus vite que la richesse mal acquise. (Proudh.)

Ne prenons pas les richesses pour but ; elles ne sont que le moyen ; leur importance résulte du pouvoir d'apaiser les souffrances.   (Droz.)

La richesse des particuliers fait la richesse publique, et cette richesse est en proportion de la liberté. (Ed. de Laboulaye.)

Pour, en ménage, avoir du bon temps, de beaux
[jours,
Croyez-moi, la richesse est d'un puissant secours.

(***)

Quand le riche qui n'a que des richesses vient à mourir, il n'y a rien de perdu.   (Raynal.)

On croyait autrefois que la nation la plus riche est celle qui a beaucoup d'or et d'argent. On s'est aperçu que la vraie richesse consiste plutôt à produire beaucoup de blé, de vin, de bœufs, de moutons, à fabriquer, des étoffes, des machines, des cuirs, des objets d'art. Car ce sont ces choses-là qui sont utiles, et qui procurent l'or et l'argent. (E. Lavisse.)

Un peuple dont les besoins augmentent doit chercher de nouvelles ressources pour augmenter sa richesse. (Dider.)

Un riche sans générosité est un arbre sans fruit. (X.)

Il y a quelque chose de plus beau, de beaucoup plus précieux que la richesse, c'est la moralité, c'est l'intelligence, c'est le talent.

(Anselin.)

## Ridicule.

Il n'est point de mortel qui n'ait son ridicule.
(Regnard.)
Il y a toujours quelque ridicule à parler de soi.
(Voltaire.)

## Rivalité.

Il faut se défier toujours de son rival.
(Collin d'Harleville.)
La politique pousse à la rivalité ; la science conduit à l'unité. (E. de Gir.)

Un mari n'a guère un rival qui ne soit de sa
main.
(La Bruy.)

## Robe de chambre.

Lorsqu'un homme est en robe de chambre, on
ne doit le voir, comme le mot l'indique, que
dans la chambre. Être au salon ou ailleurs en
robe de chambre est par trop inopportun.
(Anselin.)

## Roman, lecture.

C'est une mauvaise nourriture que la lecture
des romans.
(Littré.)

Les romans sont les amusements d'honnêtes
paresseux.
(Huet.)

Croyez-moi, quand vous saurez parler de
comédies et de romans, vous n'en serez guère
plus avancé pour le monde, et ce ne sera point
par cet endroit-là que vous serez le plus estimé.
(Racine.)

Interdisez à vos filles surtout la lecture des
romans. Les meilleurs de tous ne donnent que
des idées très fausses du monde et de la vie
positive.

Une jeune fille est tout à fait désappointée par
ce qu'elle ne trouve pas dans son mari le héros
de roman auquel ses lectures l'avaient fait rêver

si longtemps. Il peut en résulter son malheur, et quelquefois sa honte.                    (Boitard.)

Ce n'est pas avec des romans qu'on élève un peuple et qu'on fait des hommes.

(E. Laboulaye.)

Le roman est un monstre né des amours adultères du mensonge et de la vérité.   (Auger.)

Il faut choisir ses lectures.   (P. Larousse.)

La lecture est une partie des devoirs de l'honnête homme.                    (X.)

La lecture des choses frivoles détruit les forces de l'esprit et dégoûte de toute étude sérieuse.                    (Channing.)

Le savoir, apprenez-le, jeunes gens, s'acquiert avec le temps par l'assiduité à l'étude et non par la lecture récréative des romans, quels qu'en soient les savants auteurs. Comprenez une fois pour toutes que pour écrire doctement comme ces brillants écrivains dont vous admirez sans doute la profondeur, il faut avoir étudié comme eux, comme eux, il faut avoir des connaissances, et ces connaissances, ne l'oubliez pas, s'obtiennent essentiellement par le classique, par les études supérieures, et non par les romans, qui, de votre vie, soyez-en sûrs, ne vous donneront pas même un demi-talent.

(Anselin.)

## Route.

Lorsqu'on est en route, qu'il vient du monde et qu'on veut donner passage, c'est toujours le côté droit qu'il faut prendre, afin d'éviter les rencontres. (Anselin.)

Lorsqu'une route devient absolument mauvaise, on doit faire une nouvelle route.

(Le même.)

Les routes publiques européennes sont ordinairement pavées, cailloutées et entretenues aux frais des États. Partout des ponts sont jetés sur les rivières et sur les ruisseaux pour les traverser.

De sorte que, s'il plaît à un touriste, par exemple, de parcourir à pied un pays quelconque, il peut au moins le faire à son aise.

Tout peuple moderne, qui aspire à se civiliser, doit s'y conformer, dans l'intérêt de la collectivité. (Le même.)

## Routine.

Tout le monde parle de progrès, et personne ne sort de la routine. (E. de Girardin.)

La routine a horreur de tout ce qu'elle ignore : elle frémit du moindre changement, de la plus timide nouveauté. (P. Janet.)

L'esprit de routine est le retranchement de l'ignorance et des préjugés, le seul esprit des gens sans jugement. (Bonnin.)

## Ruse.

Il n'y a qu'à aller toujours droit avec les gens rusés ; tôt ou tard ils se décèlent par leurs ruses mêmes. (J.-J. Rousseau.)

Je n'ai jamais vu que la ruse puisse tenir long-temps contre la sincérité. (Riverol.)

## Sagesse.

Heureux et sage celui qui dit en s'éveillant : Je veux être aujourd'hui meilleur que je n'étais hier. (Beauch.)

## Salon.

Le salon n'est pas le lieu que l'on doit choisir pour parler science ou faire l'étalage de son érudition. (Boitard.)

## Salut.

On salue ses amis d'un geste de la main.
Une dame salue d'un signe de tête.

(Boitard.)

Il est d'usage encore, dans les campagnes, de

se saluer sans se connaître, quand on se rencontre sur les chemins, riches et pauvres, jeunes et vieux, également.  (M^me Louise d'Alg.)

On salue les uns pour leur faire une politesse, les autres pour leur montrer qu'on est poli.

(A. d'Houdetot.)

Quiconque vous salue, fût-il un étranger, un va-nu-pieds, l'exquise urbanité exige que vous lui rendiez son salut. De même que vous n'avez rien à redire si, par préoccupation ou par mégarde, une connaissance passe auprès de vous et ne vous salue pas. Ayez aussi l'air de ne pas la voir.  (Anselin.)

### Sans-gêne.

Ne vous accoutumez point à rester chez vous en habits trop négligés, ce sans-gêne ne doit être connu que des infirmes et des vieillards.

(E. Muller.)

### Sacrilège.

C'est un sacrilège que d'offenser son père.

(Bescherelle.)

L'usage indigne des sacrements est un sacrilège.  (Larousse.)

La morale condamne les impies, les sacrilèges.  (Acad.)

## Savoir.

Si vous croyez beaucoup savoir et savoir bien, souvenez-vous que c'est peu de chose près de ce que vous ignorez.

(L'Imitation de J.-C.)

Quel est l'homme si éclairé, qu'il sache tout parfaitement ? (Id.)

Laissez dire les sots, le savoir a son prix.

(La Font.)

Les gens qui savent peu parlent beaucoup, et les gens qui savent beaucoup parlent peu. Il est naturel de croire qu'un ignorant trouve important tout ce qu'il sait, et le dise à tout le monde ; mais un homme instruit n'ouvre pas aisément son répertoire, il aurait trop à dire, et comme il voit encore plus à dire après lui, il se tait.

(J.-J. Rouss.)

Il n'y a que de l'avantage pour celui qui parle peu : la présomption est qu'il a de l'esprit.

(La Bruy.)

Ne paraissez jamais ni plus sage ni plus savant que ceux avec qui vous êtes. Portez votre savoir comme votre montre, dans une poche particulière que vous ne tirez point, et que vous ne faites point sonner uniquement pour nous faire voir que vous en avez une. (Lord Chesterfield.)

Il n'y a personne de moins curieux d'apprendre que les personnes qui ne savent rien.

(Suard.)

Les hommes qui savent beaucoup ont d'excellentes raisons pour être modestes.

(Reveillé-Parise.)

Ceux qui veulent le bien sont les seuls qui savent clairement ce qu'ils veulent.

(De Gérando.)

## Savoir-vivre.

Il faut beaucoup de savoir-vivre pour ne choquer personne. (P. Larousse.)

Feindre d'estimer les autres plus qu'ils ne valent et de nous apprécier moins que nous ne valons, voilà tout le savoir-vivre.

(La Rochef.)

Savoir souffrir, c'est savoir vivre.

(M^{me} de Passy.)

## Science sociale.

La science sociale est de toutes les sciences celle qui embrasse le plus de connaissances relatives à l'homme, à ses actes, à son avenir.

(T.-N. Benard.)

## Secret.

L'âme n'a point de secret que la conduite ne révèle.                    (Pensée chinoise.)

Les lois du secret et du dépôt sont les mêmes.                    (Chamfort.)

Si vous avez un secret, gardez-le pour vous et et ne vous avisez pas d'aller, dans un élan sentimental, le confier à votre ami, parce qu'il en abusera pour vous perdre quand il sera devenu votre ennemi.                    (Boitard.)

Il n'est point de secret que le temps ne révèle.                    (Racine.)

Le sage ne doit jamais avoir d'autre gardien de son secret que lui-même.          (Guizot.)

## Serrement de main.

Serrer la main à quelqu'un, c'est la règle ; lui agiter nerveusement le poignet, cela n'exprime rien.                    (Anselin.)

## Service.

Vous devez oublier les services que vous avez rendus : c'est aux autres à s'en souvenir.
                    (Boitard.)

## Serviteurs.

Il n'y a de bons serviteurs que là où il y a de bons maîtres. (L'abbé Bautain.)

## Sifflement.

Siffler dans la maison ou dans la rue, que peut-on trouver de plus bassement vulgaire ? (Anselin.)

## Simplicité.

Il y a je ne sais quoi de noble dans la simplicité, et moins l'homme est superbe, plus il est vénérable. (Fléchier.)

La simplicité n'est ni ignorance ni bêtise et elle peut s'allier à beaucoup de connaissances, et même du génie. (De Bonald.)

Rien ne plaît tant que la simplicité,
C'est l'emblème vivant de la moralité. (Anselin.)

## Sincérité.

La sincérité n'est autre chose que l'expression de la vérité. (D. Jancourt.)

Être sincère et de bonne foi, fût-ce dans notre erreur, ce serait déjà beaucoup fait pour éviter le mal. (Sainte-Beuve.)

## Situation.

La plupart des situations ont deux faces ; la plupart des actions ont à la fois des inconvénients et des avantages : faut-il donc s'étonner si elles suggèrent des appréciations diverses.

(Félix Bernard-Saint-Preux.)

Ne méprise pas ta situation : c'est là qu'il faut agir, souffrir et vaincre.          (Amiel.)


## Société.

L'homme est né pour la société.

(Bescherelle.)

Une société ne peut être véritablement puissante qu'à la condition de développer tous les germes de richesse qu'elle contient dans son sein.          (J. Favre.)

La société des femmes amabilise un homme.

(Mercier.)

Il n'y a pas de société partout où la volonté d'un seul fait loi.          (Boiste.)

Loin de la société des hommes, ces âmes sans force aussi bien que sans foi, qui ne savent pas retenir leur langue indiscrète !...

(Bossuet.)

Rien ne me paraît plus beau qu'une société

où chacun est maître de ses droits et prend part
au gouvernement.                    (Ed. Laboulaye.)

## Soirée dansante.

Dans une simple soirée où tout le monde se
connaît, une vieille femme et un homme ayant
plus de cinquante ans, peuvent se permettre de
danser, pourvu qu'ils le fassent gaiement et
sans prétention. Dans un bal de cérémonie, ils
se donneraient un ridicule ineffaçable.   .   .   .

.   .   .   .   .   .   .   .   .   .   .   .   .   .   .

Une demoiselle ne doit jamais regarder effron-
tément son cavalier en dansant.

S'il lui adresse la parole, elle doit répondre
honnêtement, mais de manière à ne pas entamer
une conversation.                    (Boitard.)

## Solitude.

On peut aimer la solitude sans être misan-
throphe : rien n'est moins susceptible d'attachement que les gens dissipés ; les âmes sensibles
se tirent de la foule.               (J.-J. Rouss.)

Ce n'est que pour l'innocence que la solitude
peut avoir des charmes.              (Leckzinska.)

La solitude est un abri contre les embarras
du monde.                            (Acad.)

La solitude est le doux sanctuaire de ceux qui ont la paix de l'âme et le refuge de ceux qui souffrent. (X. Marmier.)

## Sottises.

Il y a des sottises bien habillées comme il y a des sots bien vêtus. (Chamfort.)

Un sot ni n'entre, ni ne sort, ni ne s'assied, ni ne se lève, ni ne se tait, ni n'est sur ses jambes, comme un homme d'esprit. (La Bruyère.)

La sottise et la brutalité chamarrées d'or, étincelantes d'acier, font trop souvent l'admiration des peuples. (Prévost-Paradol.)

La sottise de la plupart des mères est de croire leurs enfants très jolis. (Acad.)

## Soufflet.

Il y a de la cruauté à tuer un homme pour un soufflet. (Pascal.)

## Subtilité.

La subtilité n'est ni le raffinement, ni la friponnerie, mais elle y conduit. (S. Dubay.)

## Succès.

Le succès naît de la persévérance.
(Mme Necker.)

Le succès fut toujours un enfant de l'audace.

(X.)

Tout moyen de succès réprouvé par une morale sévère est immoral. (Pascal.)

## Suffrage.

Détruire l'universalité du suffrage, c'est détruire le suffrage tout entier. (F. Pillon.)

## Superstition. (Voyez Religion.)

## Suicide.

La religion, la morale défendent le suicide.

(Bescherelle.)

## Surveillance.

L'enfant qu'on maintiendrait en un état continuel de surveillance resterait toujours un enfant.

(Mme Monmarson.)

## Susceptibilité.

La susceptibilité consiste à se fâcher sans raison de ce qu'on vous fait ; elle est l'erreur ou le masque de la délicatesse. (Livry.)

La susceptibilité dans un simple particulier

n'est qu'un travers ; elle est un vice dans l'homme public, qui doit s'estimer assez pour se croire au-dessus de l'épigramme et même de l'injure.

(Tassy.)

## Tâche.

Chaque jour a sa tâche qu'il faut accomplir.

(Lamenn.)

Il faut aux grands peuples de grandes tâches.

(E. de Gir.)

C'est à nous de bien faire notre tâche et de préparer le bonheur des générations suivantes.

(Mme Roland.)

Universaliser ce qui est bien, telle devrait être la tâche d'un gouvernement paternel et vigilant.

(E. de Gir.)

Il n'y a que les gouvernements qui sont au-dessous de leur tâche qui s'inquiètent de la proximité de leur fin. (Le même.)

## Taille.

La finesse de la taille a, comme tout le reste, ses proportions, sa mesure, passé laquelle elle est certainement un défaut. (J.-J. Rouss.)

Pour paraître avoir la taille fine, les femmes se détruisent la santé. (Rostan.)

Une femme qui a la taille trop fine et les hanches trop larges, est une femme mal faite, difforme. Comparez-la à la Vénus de Milo qui depuis vingt siècles passe pour le type le plus parfait de la beauté, et vous en jugerez comme moi.

Puisque la mode est plus forte que la raison, portez des corsets; mais ne vous serrez pas.

(Boitard.)

## Talent.

Le vrai talent est ordinairement modeste.

(Bescherelle.)

Pour suivre son talent, il le faut connaître.

(J.-J. Rouss.)

Les esprits bornés ne peuvent comprendre cette universalité de talents que l'on remarque quelquefois dans un même sujet.

(B. de St-Pierre.)

Le talent est une belle chose sans doute, mais pour l'étaler, le faire briller d'une manière réelle, il faut avant tout et surtout que l'on soit un être moral; sans cette condition essentielle, on n'a point de valeur effective. En revanche, un ignorant bon, humain, dont la conduite est irréprochable, a certainement plus d'autorité, plus de poids dans la balance sociale.     (Anselin.)

Les grands talents attirent la haine, comme le fer attire la rouille, la seule médiocrité n'a point d'ennemis.                    (D'Alembert.)

## Taxe, Douane, Contrebande, Impôt.

Un État sans impôts ne pourrait subsister.
(Agniel.)

Dès qu'une taxe est exorbitante, elle invite à la fraude et suscite un peuple de délinquants.
(H. Taine.)

La surveillance des douanes est toujours insuffisante pour empêcher la contrebande.
(P. Larousse.)

Les droits d'entrée excessifs ont fait dégénérer le commerce en contrebande.          (Raynal.)

## Témoin.

Parlez, écrivez, agissez, pensez comme si vous aviez mille témoins.          (M^me de Maintenon.)

Pour être sans reproche, un témoin doit éclairer la justice et non fausser le moindrement la vérité. Il racontera simplement les faits tels qu'ils se sont passés, sans haine, sans passion et surtout sans y rien ajouter.

Il faut manquer d'honnêteté, il faut être de la

plus vile espèce pour se laisser un seul instant suborner.
(Anselin.)

## Timidité.

Les gens timides sont rarement des sots, mais ils ont souvent le malheur de le paraître.
(J. Dubay.)

## Tintouin.

Lorsque l'oreille tinte, certaines personnes croient naïvement qu'on parle d'elles quelque part ; ce tintement, produit par une cause physiologique, se nomme tout simplement le tintouin.
(Anselin.)

## Toilette, Parure.

La toilette d'une femme ne doit se faire remarquer que par sa simplicité.
(Mme Necker.)

La toilette d'une femme peut engloutir une grande fortune.
(Boiste.)

Quand les femmes soigneront davantage leur esprit, elles penseront moins à leur toilette.
(Rigault.)

La toilette d'une demoiselle sera toujours plus modeste que celle d'une femme mariée, parce que la vraie manière de se choisir un mari est de paraître avoir les goûts simples.     (Boitard.)

La première recommandation, celle que j'adresse à toutes les femmes, quelle que soit leur fortune, sera d'apprendre à tailler et à coudre tous les objets de toilette et de lingerie dont elles peuvent avoir besoin. Cette science est l'une des premières parmi celles qui doivent être enseignées aux jeunes filles. C'est le plus nécessaire, le plus important, si l'on considère ses résultats de toute nature. Si une femme est pauvre, ou si sa fortune est modique, elle augmentera considérablement les ressources du ménage en retranchant les frais de façon qui sont toujours fort élevés. Si, au contraire, il s'agit d'une femme riche, l'habitude du travail la retiendra plus souvent au logis, tandis que la possibilité de faire elle-même tout au moins quelques-uns des vêtements de ses enfants occupera agréablement ses loisirs; son expérience sur ce sujet, si essentiellement féminin, lui permettra de diriger une femme de chambre, ou bien une ouvrière, lorsqu'il s'agira des robes simples, des toilettes de campagne et des vêtements d'intérieur, et l'argent qui aurait été dépensé pour ces objets pourra augmenter son superflu, ou le nécessaire d'autrui. L'art de faire elle-même ses vêtements constitue à lui seul un revenu clair et net pour une femme.

(M^{me} Emmeline Raymond.)

Se présenter chez un supérieur ou une personne d'un rang élevé, en redingote ou en paletot, serait une grossière incivilité.   (Boitard.)

La toilette ne doit jamais être un luxe.

(Balzac.)

Le luxe et le goût de la parure finissent toujours par dépraver les mœurs.      (L. Pinel.)

Les plus pompeuses parures annoncent le plus souvent de laides femmes.

(J.-J. Rousseau.)

Le but de la parure doit être, non de paraître riche, mais de paraître belle.      (A. Karr.)

Un jeune homme qui a le haut ton, doit toujours aller dans le monde en tenue irréprochable. Il portera bien volontiers la redingote ou l'habit, selon le cas. Se présenter en simple veston de drap ou en jaquette — quand même ce serait à un bal impromptu — est, on en conviendra, un absolu manque d'égards et pour le maître de la maison, qui vous a fait l'honneur d'une gracieuse invitation à laquelle vous avez pourtant mal répondu, et pour la société dans laquelle vous vous trouvez et qui, pour votre singularité, ne peut toutefois que vous regarder d'un œil étonné. (Anselin.)

## Tolérance.

Tolérons-nous les uns les autres.
(Francisque Sarcey.)

Dans la vie sociale, la vertu la plus utile est la tolérance. (M^me Monmarson.)

## Ton (bon)

Le bon ton s'acquiert par la fréquentation des personnes bien élevées. (Bescherelle.)

Le mauvais ton rend insupportable la société de beaucoup de gens d'esprit. (Boiste.)

## Tort.

Il faut vivre de façon qu'on ne fasse tort à personne, (Littré.)

Un homme ne doit jamais rougir d'avouer qu'il a tort ; car, en faisant cet aveu, il prouve qu'il est plus sage aujourd'hui qu'hier.
(Pope.)

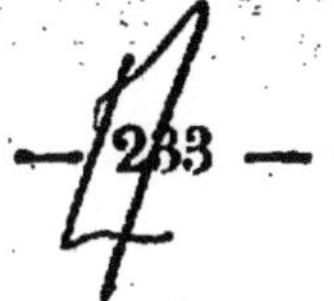

## Trahison.

Quelle cruauté de se voir trahi par un ami !

(Littré.)

## Traitement.

Traiter durement, grossièrement un employé, un domestique, c'est manquer aux devoirs de la civilité, c'est tout à la fois faire preuve d'inhumanité et de brutalité.          (Anselin.)

## Travail.

Le travail est une arme, et celui qui ne se sert pas de l'arme sainte du travail manque à son premier devoir.          (L. Jourdain.)

Le travail est partout et la souffrance partout; seulement il y a des travaux stériles et des travaux féconds.          (J.-J. Rouss.)

De tous les moyens qui conduisent à la fortune les deux plus sûrs sont la persévérance et le travail.          (Raybaud.)

Le travail est la vie de l'homme.

(Voltaire.)

Le travail éloigne de nous trois grands maux, l'ennui, le vice et le besoin.          (Le même.)

La terre ne refuse ses biens qu'à ceux qui refusent de lui donner leurs peines.

(Fénelon)

## Tromperie.

Il y a de la tromperie dans le cœur de ceux qui machinent du mal ; mais il y a de la joie pour ceux qui conseillent la paix.

(Prov. bibl.)

## Trottoir.

Dans les petites villes, les personnes qui sont surtout fort curieuses d'épier, de savoir les affaires des autres, seules aiment à s'asseoir sur les trottoirs qui, en tous pays, sont expressément faits pour la libre circulation des passants. Les gens bien élevés, d'ailleurs, ne se mettent tout au plus qu'au seuil de leur porte, sachant bien qu'au dehors ils ne sont pas à leur place.

(Anselin.)

## Trouble.

Celui qui, pour une raison ou pour une autre, se plaît à exciter des troubles, aime-t-il son pays ?

— Non, répond hautement le patriotisme.

(Le même.)

## Tyrannie.

La tyrannie ne peut s'établir que sur des peuples fanatiques ou corrompus.     (Boiste.)

Pour rendre amoureux fous de la liberté les partisans de la tyrannie, mettez-les en prison.

(Jouy.)

La tyrannie étant mauvaise en soi, ne peut être exercée dans une république que pour un certain laps de temps. A la longue, le peuple, qui cherche après tout ses vrais intérêts, finit toujours par en être fatigué, par avoir raison du tyran.     (Anselin.)

## Urbanité.

L'urbanité, si elle n'est pas la vertu, en est au moins l'apparence, et la plupart du temps le commencement.     (J. Favre.)

La littérature française a besoin de décence et d'urbanité.     (Dupin.)

## Utilité.

Il faut être utile aux hommes pour être grand dans l'opinion des hommes.     (Massillon.)

## Vanité.

Il faut avoir bien de la vanité pour ne pas reconnaître sa faiblesse.          (Saint-Evrem.)

La vanité est une marque de petitesse d'esprit.
                    (Acad.)

La vanité est l'aliment des sots.

                    (La Bruy.)

## Vénalité.

Si le gouvernement se trouvait par hasard, entouré d'hommes corrompus et vénaux, il peut encore se sauver en les repoussant des fonctions publiques.                    (Barère.)

## Vénération.

Vous honorerez votre père et votre mère, afin que vous puissiez vivre longtemps sur la terre.
                    (Décalogue.)

## Vengeance.

Se venger d'une offense, c'est se mettre au niveau de son ennemi ; la lui pardonner, c'est s'élever fort au-dessus de lui.          (La Rochef.)

La vengeance procède toujours de la faiblesse de l'âme, qui n'est pas capable de supporter les injures.                              (La Rochef.)

La plus noble, la plus douce des vengeances est un bienfait.                              (Boiste.)

Les hommes de violence et de vengeance ne réussiront jamais à rien d'utile à l'humanité.
                              (Lamenn.)

Il ne faut jamais se venger : quand notre ennemi est puissant, c'est imprudence et folie ; quand il est malheureux, c'est bassesse et cruauté.                    (L'abbé Blanchet.)

### Vérité.

La vérité n'a jamais besoin de l'erreur, et les ombres n'ajoutent rien à la lumière.
                              (Lamart.)

On n'est pas digne d'aimer la vérité, quand on peut aimer quelque chose plus qu'elle.
                              (Massillon.)

Aimez la vérité ; qu'elle seule vous touche.
Fermez à tout mensonge et l'oreille et la bouche.
                              (Fr. de Neufchâteau.)

Il est de certaines vérités qu'on doit taire, car

elles peuvent altérer, sinon rompre d'une manière définitive, les liens les plus puissants de l'amitié. (Anselin.)

Ce n'est jamais qu'en fraude que la vérité se fait jour dans un pays mal gouverné.

(Dumarsais.)

## Vertu.

L'homme vertueux qui supporte les angoisses de la misère, que rien ne peut abattre, et qui sait dompter la mauvaise fortune par sa grandeur d'âme inébranlable, celui-là est un héros, méritant mieux ce titre que celui qui va promenant son épée glorieuse dans quelque partie de la terre. (Lebrun.)

Un prince qui n'a que des vertus militaires n'est pas assuré d'être grand dans la postérité.

(Massillon.)

Les peuples n'aiment dans les souverains que les vertus qui rendent leur règne heureux.

(Le même.)

Malheur à celui qui aime plus les richesses que la vertu. (Delille.)

La vertu a cela d'heureux qu'elle se suffit à elle-même et qu'elle sait se passer d'admirateurs, de partisans et de protecteurs : le manque d'appui et d'approbation, non seulement ne lui nuit pas, mais il la conserve, l'épure et la rend parfaite : qu'elle soit à la mode, qu'elle n'y soit plus, elle demeure vertu.                    (La Bruy.)

Les personnes consommées dans la vertu ont en toute chose une droiture d'esprit et une attention judicieuse qui les empêchent d'être médisantes.                    (X.)

Justice, honnêteté, bienfaisance, amour paternel, voilà les principales vertus d'un homme d'État, qui veut être aimé de son peuple.

                    (Anselin.)

La vertu obscure est souvent méprisée, parce que rien ne la relève à nos yeux. (Massillon.)

On ne saurait être heureux sans pratiquer la vertu.                    (Vauven.)

Qu'est-ce que la vertu sinon l'habitude de faire le bien ?                    (Dickson.)

On méprise tous ceux qui n'ont aucune vertu.
                    (La Rochef.)

Où la vertu n'est point, la liberté n'est pas.
                    (Ducis.)

La vertu est le premier titre de noblesse.
                    (Molière.)

L'utilité de la vertu est si manifeste que les méchants la pratiquent par intérêt.

(Vauven.)

## Vice.

Le vice hait la vertu.                    (Boiste.)

Ce ne sont ni les arts, ni les métiers qui peuvent dégrader l'homme, ce sont les vices.

(B. de Saint-Pierre.)

## Vie.

On a toujours assez vécu quand on a bien vécu.                    (Henri IV.)

Il se peut que la modération dans les passions, la tempérance et la sobriété dans les plaisirs, contribuent à la durée de la vie.

(Buffon.)

Une vie honnête et bien réglée entretient la tranquillité de l'âme.          (Bescherelle.)

La vie a des fardeaux pour toutes les positions : la hauteur où on les porte n'en allège pas le poids.                    (Guizot.)

La vie de garçon coûte bien plus cher que la vie de ménage.          (P. Larousse.)

Aimez l'humanité, ayez pour elle bienveillance et charité ; cultivez la vertu, voilà l'art de vivre. (Anselin.)

## Vieillard.

Un vieillard sans dignité est comme une femme sans pudeur. (Latena.)

Une trop grande négligence comme une excessive parure, dans les vieillards, multiplie leurs rides et fait mieux voir leur caducité.
(La Bruy.)

Rien de plus honteux et de plus ridicule qu'un vieillard abécédaire. (La Grange.)

Les vieillards qui ont étudié dans leur jeunesse n'ont besoin que de se ressouvenir et non d'apprendre. (Montesquieu.)

## Vigilance.

Sans la vigilance on perd tout ce qu'on avait acquis. (Boiste.)

Par la loi, l'autorité n'est pas un joug, mais une vigilance paternelle. (Mass.)

## Vindicatif.

Tout châtiment qui n'a pas pour but l'exemple réformateur est une barbarie vindicative.

(Boiste.)

Un homme bien élevé n'est jamais vindicatif. Si ce défaut est laid chez une personne ignorante, dans un homme d'esprit il est horriblement dégoûtant. Un homme d'État vindicatif serait encore bien plus impardonnable, il mériterait d'être déclassé, d'aller vivre loin du monde, car il n'est pas digne de commander un peuple moderne.

(Anselin.)

## Visites.

Le savoir-vivre a ses lois que nul n'est censé ignorer, comme toutes les autres lois, quoiqu'elles ne soient écrites dans aucun code et qu'on ait négligé de les promulguer officiellement. L'usage les a établies, l'étiquette les a consacrées, et l'on risque, en les transgressant, de passer pour un homme impoli ou mal élevé. Le plus simple est donc de se conformer à l'usage, quelque ennuyeuses et inutiles que soient les corvées qu'il impose.

Au premier rang de ces corvées nous placerons les visites dites de cérémonie. Qu'elles soient tout à fait inutiles et souverainement banales, personne ne le contestera ; mais nous ne conseillerons à personne de s'en exonérer sous ce mauvais prétexte. On doit une *visite* au jour de l'an, à un certain nombre de personnes : supérieurs, parents, alliés, etc. ; après avoir accepté un dîner, après un mariage, une naissance ou un décès dont il vous a été fait part ; après une maladie, à toutes les personnes qui vous ont visité ou qui ont fait prendre de vos nouvelles ; au moment de quitter pour un certain laps de temps la ville où l'on réside, à toutes les personnes avec lesquelles on est en relation suivie ; au retour, on doit encore une *visite* aux mêmes personnes ; accidentellement, on doit aussi une *visite* à celles de ses connaissances auxquelles il arrive un accident heureux ou malheureux, coup de fortune ou de disgrâce. L'étiquette a réglé l'ordre et la marche de chacune de ces *visites* en particulier.

Règle générale, les *visites* de cérémonie doivent être courtes ; dix minutes, un quart d'heure au plus suffisent. On doit même les abréger encore s'il survient une autre personne ; n'y eût-il que cinq minutes qu'on est là, l'arrivée d'un visiteur vous autorise à prendre congé ; loin d'être une impolitesse, ce prompt départ est une marque de savoir-vivre.

Les visites de jour de l'an se font cérémonieusement, en grande toilette ; on doit les faire la veille aux supérieurs et aux grands-parents ; le jour même aux père et mère, oncles et tantes, sœurs et frères aînés ; dans la huitaine, aux cousins, cousines et autres personnes alliées ; dans la quinzaine aux intimes ; dans le mois, aux simples connaissances.

*La visite* après dîner, dite visite de digestion, se fait obligatoirement dans la huitaine ; si l'on est empêché, il est nécessaire de s'excuser par lettre et non par une simple carte de *visite*.

La visite de félicitation pour un mariage ou pour une naissance se fait dans la quinzaine ; la *visite* de condoléance mortuaire, dans la huitaine.

Si une personne de vos amis ou de votre connaissance vient d'obtenir un haut emploi, une faveur quelconque, vous devez l'en féliciter au plus tôt, soit par lettre, soit en envoyant votre carte ; il est de bon goût de ne lui faire *visite* que plus tard ou même de s'abstenir tout à fait, de peur de passer pour un solliciteur ; au contraire, après une disgrâce, un revers de fortune,

une *visite* prompte sera la meilleure preuve de sympathie.

Les *visites* pour cause de maladie présentent deux catégories distinctes : ou c'est vous qui avez été malade, et vous devez une *visite* à tous ceux qui sont venus vous voir ou prendre de vos nouvelles ; cette visite doit se faire aussitôt après le rétablissement complet. Dans le cas contraire, rendant *visite* à un ami ou à une connaissance malade, ce qu'on doit faire aussitôt qu'on a appris l'événement, il est de bon goût de ne pas insister pour être reçu et de se borner à prendre des nouvelles ; en d'autres termes, on ne doit entrer que s'il y a insistance à vous recevoir.

D'autres *visites* ne sont réglées par aucune étiquette ; ce sont celles que l'on fait régulièrement ou à des époques indéterminées aux personnes chez lesquelles on est reçu. Elles dépendent du degré d'intimité où l'on est avec ces personnes ; la seule règle, c'est de ne se présenter qu'aux heures où l'on sait pouvoir être reçu, c'est-à-dire dans l'après-midi, et, pour les personnes qui ont par semaine un jour ou deux de réception, seulement ces jours-là.

Les *visites* dites pour prendre congé, au départ pour la campagne ou pour un voyage, et les *visites* dites de retour ne se font qu'aux

personnes avec lesquelles on est en grande relation; aux simples connaissances, on se contente
de porter ou d'adresser par la poste sa carte
marquée des lettres P. P. C. ou du mot *Retour*.

(P. Larousse.)

Il y a deux sortes de visites : 1° celles qui ne
sont pas motivées ; 2° celles qui le sont, et ces
dernières sont indispensables pour les gens qui
ont de la politesse et du savoir-vivre. Les premières ne sont permises qu'aux parents et aux
amis intimes; mais les flaneurs se les permettent
sans aucun prétexte que celui, par trop banal,
de venir vous demander des nouvelles de votre
santé.

(Boitard.)

C'est manquer entièrement de savoir-vivre que
de se présenter dès le lendemain chez des mariés. C'est aller troubler inopportunément leur
doux tête-à-tête.

Il y a dans cette visite prématurée un sang-
gêne que l'intimité la plus étroite ne saurait se
permettre.

Et d'ailleurs pour avoir été à la noce, c'est aux
mariés qu'il appartient, dans la quinzaine, de
faire la première visite aux invités, aussi bien
qu'à leurs parents. et il n'y a qu'après l'avoir
reçue que l'on peut, au bout d'une semaine, leur

rendre la pareille. Du reste, l'étiquette le veut ainsi. (Anselin.)

## Visite (Carte de).

La carte de bon ton contient imprimés votre nom et votre demeure, sans autre chose.

La carte d'une dame ne contient que son nom, et non sa demeure.

Si elle contient votre profession, c'est un prospectus ridicule.

Si elle contient vos titres et vos qualités, c'est une sotte vanité d'autant plus qu'elle peut tomber entre les mains de gens plus importants que vous, qui en riront et vous prendront pour un nouveau parvenu. (Boitard.)

La carte de visite, comme son nom l'indique, sert à payer une visite. Pour le premier jour de l'an, certaines personnes, étrangères au cérémonial, y ajoutent des souhaits, la date et l'année. Dans le beau monde, elle s'envoie sans y rien écrire. Et lorsqu'on la reçoit, elle se dépose ordinairement dans une corbeille en osier affectée à cet usage, et le portrait-carte, il est inutile de le dire, se place tout naturellement dans l'album. (Anselin.)

## Vol.

Quand un hôte, un marchand vendent une chose le double ou le triple de ce qu'elle leur a coûté, on a raison de dire que c'est un vol manifeste.

(Trévoux.)

Au début, on dérobe ses parents, et l'on ne voit dans cet acte qu'une peccadille enfantine. Mais voyons-en les déplorables conséquences : l'habitude étant contractée (et si l'on ne revient sur ses pas) plus tard on vole les étrangers, si ce n'est l'État, et comme en ce monde rien ne peut demeurer éternellement caché, tôt ou tard le secret transpire, on est qualifié voleur, et l'on est pour jamais la honte de sa famille.

(Anselin.)

Un prince qui sous forme de justice et sans justice, emprisonne ou fait périr des citoyens, est un voleur de grand chemin qu'on appelle Votre Majesté.

(Voltaire.)

## Volonté.

Le plus puissant de tous les leviers, c'est la volonté.

(De Juss.)

L'homme ne devient quelque chose en bien ou en mal que par la volonté. (L'abbé Bautain.)

## Zèle.

Le zèle n'est pas tout, il faut de la prudence.
(Gresset.)

Le véritable zèle du bien public ne cherche qu'à se rendre utile.
(Mass.)

# POSTFACE

Les matériaux recueillis pour la composition de ce livre ont été classés dès l'année 1888, mais des circonstances toutes particulières, qu'il est inutile de relater ici, nous avaient, à regret, forcé d'en retarder pour longtemps la publication.

En revanche, ce retard imprévu nous a permis d'enregistrer un grand nombre de pensées modernes, jusqu'à Henry de Lapommeraye, mort, comme chacun sait, dans les derniers mois de l'an passé.

Avant de clore ces lignes, hâtons-nous de réparer une omission involontaire, disons tout de suite que ce recueil est particulièrement nécessaire à l'éducation du peuple, qui y verra tout d'abord ses droits, qui comprendra, une fois pour toutes, que, puissant ou infime, l'homme a de nombreux devoirs à accomplir en ce monde, et qu'avant tout et surtout il doit invariablement s'attacher à la morale, cette base essentielle de toute société civilisée ; les politiciens aussi, pour être à la hauteur de leur tâche, y trouveront, sans de longues recherches, d'excellentes règles sur l'art de bien gouverner : ils n'auront certes qu'à y puiser à belles mains pour faire avancer promptement une République démocratique, sans sortir en dehors de la justice et de la légalité.

Juillet 1893.

# CATALOGUE

**Librairie Delaruc**, 5, rue des Grands-Augustins, Paris.

BOITARD. — Manuel de la bonne compagnie, du bon ton et de la politesse, 1 vol. illustré.

M^me J.-J. LAMBERT. — Politesse (Manuel de la), des usages du monde et du savoir-vivre, 1 vol.

M^lle CATHERINE. — Cuisinière bourgeoise (Manuel complet de la), 1 vol. — Le Confiseur des ménages, contenant un guide complet pour faire chez soi et sans appareils spéciaux, dispendieux, toutes sortes de confiserie, 1 vol. — Le Pâtissier français, contenant la manière de préparer soi-même pâtés, vol-au-vent, timbales, tourtes, tartes, poudings, liqueurs, etc., 1 vol. — Toilette (Mille et un secrets de). Ce volume contient l'art de fabriquer soi-même fards, pommades, poudres, etc., qui servent à la toilette des dames et à entretenir leur beauté, 1 vol.

**Librairie François Ebhardt**, 28, quai du Louvre :

M^me LOUISE D'ALG. — Le nouveau savoir-vivre universel. Guide complet, sûr et autorisé, en trois vol. — Notes d'une mère. Cours d'éducation maternelle, 1 vol. — Le Maître et la Maîtresse de la maison, 1 vol. illustré. — Les Ouvrages de main en famille, 1 vol. illustré. — Les Secrets du Cabinet de toilette. Conseils et recettes, 1 vol.

**Librairie A. Lacroix :**

LE HARDY DE BEAULIEU. — Éducation de la femme, 1 vol. — Le Catéchisme de la mère, 1 vol.

GODIMUS. — Dieu, Science et Liberté. Esprit de famille,
1 vol.
AUDEVAL (Hippolyte). — Le Livre des épouses, 1 vol.
BOUTIN. — L'Éducation intime de la femme, 1 vol.
DOUAY et TEINTURIER. — Les Mères et les Enfants,
1 vol.

## Librairie **Firmin Didot** et Cie.

RAYMOND (Mme EMMELINE). — La bonne Ménagère,
1 vol. — La Civilité puérile, mais honnête, 1 vol. —
Leçons de couture : crochet, tricot, frivolité, guipure
sur filet, etc., etc., 1 vol.

## Librairie **E. Plon** et Cie.

Dr BROCHARD. — Manuel pratique du sevrage, guide
des mères et des nourrices, 1 vol. — Guide pratique
de la jeune mère ou l'éducation du nouveau-né, 1 vol.
— De l'allaitement maternel au point de vue de la
mère, de l'enfant et de la société, 1 vol.

HAVRE. — IMPRIMERIE DU COMMERCE, 3, RUE DE LA BOURSE

Milton Keynes UK
Ingram Content Group UK Ltd.
UKHW010637030424
440506UK00010B/1308